Orientação Vocacional & Coaching de Carreira

Dicas e estratégias para a construção de uma carreira de sucesso

Coordenação:
Andréia Roma e Geize Lima

1ª edição

São Paulo, 2016

Copyright© 2016 by **Editora Leader**
Todos os direitos da primeira edição são reservados à **Editora Leader**

Diretora de projetos
Andréia Roma

Diretor executivo
Alessandro Roma

Diagramação
Roberta Regato

Capa
Raul Rangel

Revisão
Miriam Franco Novaes

Gerente comercial
Liliana Araujo Evangelista

Impressão
Color System

Dados Internacionais de Catalogação na Publicação (CIP)
(Câmara Brasileira do Livro, SP, BRASIL)

Orientação vocacional & coaching : dicas e estratégias para construção de uma carreira de sucesso / coordenação Andréia Roma e Geize Lima. -- 1. ed. -- São Paulo : Editora Leader, 2016.

Vários autores.
Bibliografia.
ISBN 978-85-66248-49-4

1. Carreira profissional 2. Coaching 3. Orientação vocacional 4. Profissões - Aspectos psicológicos I. Roma, Andréia. II. Lima, Geize.

16-03646   CDD-158.6

Índices para catálogo sistemático: 1. Coaching : Orientação profissional : Vocação : Psicologia aplicada 158.6

EDITORA LEADER
Rua Nuto Santana, 65, 2º andar, sala 3
Cep: 02970-000, Jardim São José, São Paulo - SP
(11) 3991-6136 / andreiaroma@editoraleader.com.br

"É necessário fazer outras perguntas, ir atrás das indagações que produzem o novo saber, observar com outros olhares através da história pessoal e coletiva, evitando a empáfia daqueles e daquelas que supõem já estar de posse do conhecimento e da certeza."

(Não Nascemos Prontos! Provocações Filosóficas – Mario Sergio Cortella)

Esta obra nasce com a missão de enriquecer e apoiar o desenvolvimento e aprimoramento de profissionais em todo o Brasil.

Dicas poderosas de como escolher a carreira brilhante e atuar em um mercado que muda constantemente.

Agradeço à coordenadora Geize Lima e aos coautores pela excelência dos textos apresentados na obra. Agradeço também a Simone Paccanaro pelas ricas e sábias palavras.

Boa leitura!

Andréia Roma
Coordenadora Editorial
Fundadora e Diretora de Projetos da Editora Leader

Índice

PREFÁCIO - Simone Paccanaro 7

Capítulo 1 - Adriana Matias Neto Pimenta 11
Onde realmente eu quero chegar?

Capítulo 2 - Alberto Barreto..23
Coaching Vocacional: a base para uma carreira de sucesso

Capítulo 3 - André Neves...35
Influências e impactos na construção da carreira

Capítulo 4 - Andréia Leonor 49
Passado e futuro: aprenda no aqui e agora a manter o foco e o entusiasmo mudando o seu Mindset

Capítulo 5 - Christiane Sarate Siqueira 63
Assumindo riscos e desenvolvendo competências

Capítulo 6 - Fátima Mangueira 73
Planejando sua carreira com assertividade

Capítulo 7 - Geize Lima 83
Reinvente sua carreira com o Canvas

Capítulo 8 - Karina C. Alves 101
Cinco passos para despertar uma carreira de sucesso

Capítulo 9 - Keli Pires 111
Satisfação com a vida e aspectos da carreira

Capítulo 10 - Lafaete Eustáquio da Silva 123
A escolha profissional na adolescência: dicas para o encontro com a vocação e a profissão de sucesso

Capítulo 11 - Ludmila de Moura 133
A influência da família na escolha profissional dos filhos

Capítulo 12 - Marcos Martins de Oliveira e Carolina Martins de Oliveira 143
As cinco etapas básicas do Coaching de Carreira e a importância da área emocional

Capítulo 13 - Roseli Bacili Laurenti 153
Jornada de transformação e sonhos para empreender

Capítulo 14 - Sandra Magali Junqueira 167
Do autoconhecimento à contribuição social

Prefácio

Que maravilha se muitas pessoas pudessem dormir e acordar com uma carreira brilhante, a remuneração dos sonhos, sorriso largo, realização pessoal e currículo invejável, disputado por renomadas empresas. Opa! Vamos acordar! As carreiras de sucesso não são construídas da noite para o dia. Alguns erros podem atrapalhar o desenvolvimento do profissional sem que ele perceba, uns podem até ser contornados, mas outros podem acabar com a reputação profissional e prejudicar seu futuro.

Não foi da noite para o dia que mudei de vendedora de pipocas no circo para diretora de RH de destacada organização multinacional de educação, empresária, treinadora de pessoas e palestrante, tendo sido privilegiada com o contato direto com mais de 50 mil profissionais, entre entrevistas de seleção, dinâmicas, desligamentos, transição de carreiras, planos de sucessão, gestão de conflitos, treinamentos e palestras em mais de 20 capitais brasileiras e no Exterior.

Desenvolver uma carreira de sucesso é objetivo de milhares de pessoas, mas diante de um mercado dinâmico, com mudanças de estratégias em muitas organizações e grande competitividade profissional, talvez você já se tenha deparado com inquietações do tipo: como escolher a carreira adequada? Como mudar de carreira no meio do caminho? Como mostrar suas habilidades e alcançar seus objetivos profissionais?

Ao longo de minha jornada profissional, percebi em mim mesma e em milhares de trabalhadores que estas indagações podem trazer consigo outras dúvidas, dentre elas: como superar as expectativas e ansiedades pessoais; o que fazer para encarar e driblar os desafios e diminuir os medos; como manter o foco, saber gerenciar possíveis conflitos e manter o equilíbrio emocional; que estratégias usar para se manter atualizado; o que fazer para desenvolver networking, marketing pessoal e ser reconhecido e promovido; como gerar resultados e produtividade adequados e como se destacar e driblar a concorrência.

Provavelmente, você já se tenha deparado com algum desses questionamentos e se você realmente deseja desenvolver uma carreira de sucesso, rentável, conhecer dicas e estratégias fundamentais para uma carreira estruturada, de destaque e que o leve a conhecer, expandir e atingir seus objetivos, então eu tenho o enorme prazer de dizer: este livro é para você!

Prefácio

O livro ORIENTAÇÃO VOCACIONAL E COACHING DE CARREIRA é uma leitura agradável, atualizada e necessária àqueles com objetivos diversos relacionados à carreira, que desejam despertar e desenvolver capacidades e habilidades valiosas para obter destaque na escolha e desenvolvimento de seus profissionais. O leitor saberá como é possível escolher uma profissão e ter sucesso nela por meio de uma escolha orientada, de preferências pessoais, de mudanças de hábito, exploração de competências essenciais, de um bom planejamento de carreira e de uma boa motivação pessoal e incentivo em busca das ações necessárias.

Esta é uma leitura poderosa, que traz uma rica coletânea de artigos de especialistas em carreiras que, com comprometimento, profissionalismo e amor, assumem aqui a nobre missão de apoiar aqueles que efetivamente querem focar em seu desenvolvimento e aprimoramento como profissional e ser humano! Estes renomados coautores apresentam aqui suas experiências, trajetórias, cases de sucesso, ferramentas, técnicas, modelos consistentes e práticos e dicas poderosas, aplicados em contextos de orientação vocacional e Coaching de carreiras.

Você está a uma página para ter acesso a estas poderosas dicas e estratégias para a construção da sua carreira de sucesso.

Simone Paccanaro

Orientação Vocacional & Coaching de Carreira
Adriana Matias Neto Pimenta

1

Onde realmente eu quero chegar?

Adriana Matias Neto Pimenta

(21) 987231451
adrianamnpimenta@gmail.com
www.carreirasaudavel.com.br

Psicóloga Generalista com ênfase em Recursos Humanos e Gestão Organizacional, especialização em Life e Executive Coaching. Experiência no desenvolvimento de atividades como: implantação e estruturação de recursos humanos, estruturação de cargos e salários, programa de treinamentos comportamentais, análise grafológica, avaliação psicológica, pesquisa salarial, gestão de equipes e diagnóstico organizacional.

Atuo com Recursos Humanos e recolocação Profissional utilizando o Coaching e, antes de iniciar qualquer tipo de trabalho, faço um primeiro contato com meu cliente e começo com a seguinte pergunta: "O que você quer?" E na maioria das vezes ouço respostas abrangentes como: "Quero ser feliz, quero trabalhar, quero ser rico(a)..." Continuo minha avaliação: "O que você realmente quer?" Desta vez, em 95% dos casos tenho um silêncio como resposta. Pois, somente neste momento as pessoas realmente se questionam sobre o que elas desejam.

Vivemos tempos nos quais tudo acontece a uma velocidade extremamente acelerada, em que somos empurrados a sobreviver e não a saborear a vida, vivemos a ansiedade do futuro, sem desfrutar do presente. Não nos permitimos ter opções, simplesmente seguimos de acordo com o fluxo imposto a nós.

A escolha da faculdade ocorre entre 16 e 18 anos. Idade na qual muitas mudanças físicas e até mesmo comportamentais estão ocorrendo. No meio de um turbilhão de hormônios, realizar uma escolha de extrema importância é no mínimo delicada. Existe atualmente um movimento discreto na busca de jovens em prol de uma orientação profissional, ainda hoje, poucos jovens são instruídos a escolherem suas profissões de acordo com seus maiores talentos. Muitos são influenciados a escolher cursos que estão em alta no mercado, ou até mesmo os que possuem a maior remuneração, ignorando suas preferências e maiores competências.

Recebo coachees, já adultos, com mais de 10 anos de profissão, que ainda se sentem completamente insatisfeitos com sua vida profissional, tal insatisfação não se dá pela falta de sucessos, ou baixa remuneração, e sim porque se sentem perdidos, com o passar dos anos perderam suas referências e ignoraram seus maiores talentos. Simplesmente não entendem o porquê de tanta infelicidade e insatisfação profissional. Uma profissão é algo que te acompanhará por cerca de 30 anos de sua vida e fazer algo que não lhe ofereça um mínimo de prazer parece-me realmente absurdo. Mas será que pensamos nisso ao escolher o curso na inscrição para o Enem? A escolha do curso é baseada em quais artifícios? Estatística de menor concorrência? Influência de familiares? Ou verificamos quais são nossas maiores competências? A escolha de uma profissão deve ser pautada naquilo que você possui de melhor e se conhecer é o ponto inicial para essa escolha.

Neste artigo irei demonstrar os pontos de meu processo para Coaching de carreira. Nele realizo 12 sessões voltadas para o desenvolvimento profissional, que buscam trazer a satisfação Profissional e Pessoal, realizo um encontro de meu coachee com ele mesmo, resgatando valores e trazendo para o consciente suas maiores virtudes, potencializando-as e ressignificando as crenças limitadoras.

Meu processo de Coaching de carreira se divide em 5 passos:

1- Aonde você quer chegar?
2- Autoconhecimento
3- Reconhecimento dos Maiores Talentos
4- Ressignificação de Crenças Limitantes
5- Ações efetivas para transição de carreira e/ou desenvolvimento profissional

1- Aonde você quer chegar?

Saber aonde se quer chegar é fator primordial para qualquer ponto de partida. Um determinado cliente veio me procurar certa vez, buscando recuperar a vontade de sair de casa para ir trabalhar, e então lhe pergunto: "O que faria você sair de casa feliz e motivado para ir trabalhar? De repente, um silêncio se instaurou na sala e após dois minutos pude visualizar um sorriso no canto de sua boca. Naquele momento ele me relatou seus anseios e, após seu discurso, finalizou: "Realmente, não tem nada a ver com o que faço atualmente".

Por que você escolheu sua profissão? Não importa quais motivos lhe levaram a tal escolha, mas hoje você é fruto de sua história e suas escolhas, não se arrependa, todos temos a possibilidade de mudarmos de profissão. Não importa quantos anos você possui de carreira, se é reconhecido, ou tem muito sucesso e muitos clientes. Se você não está feliz... Permita-se! Percebo um grande impasse na tomada de decisão para a transição de carreira, as pessoas temem ter de começar do zero, sair de altos cargos e grandes remunerações e ter de se reinventar. Mas o que você prefere? Manter-se como está, ou ir em busca de sua satisfação profissional e consequentemente profissional?

Tal decisão é tão importante quanto a escolha do curso para a faculdade. É preciso estar comprometido com seus reais desejos, respeitando seus talentos e competências e para isso é necessário tomar ciência de quem somos realmente.

2- Autoconhecimento

Ter ciência do que lhe dá satisfação pessoal e profissional faz com que seus objetivos sejam traçados de forma mais assertiva, desta forma o coachee que está em busca de uma recolocação/orientação profissional precisa primeiramente descobrir quais são os seus desejos, o que é capaz de lhe trazer prazer e realização profissional. Esta descoberta não é tão simples quanto parece, pois estamos impregnados de influências vindas do ambiente, da sociedade e principalmente de nossos familiares, para trazer ao consciente tal conhecimento, é preciso autoconhecimento.

O autoconhecimento visa revelar quais as crenças, valores, talentos, habilidades e autoconceito que o coachee (cliente) tem de si próprio. Neste momento do Coaching utilizo perguntas poderosas para que o coachee reconheça seus valores e entre em contato com seu autoconceito.

Uma ferramenta muito interessante que utilizo para que o coachee perceba como está sua vida no momento atual é a Roda da Vida. Uma ferramenta simples, mas que traz muitos resultados, pois visualmente conseguimos tirar uma fotografia de nossa vida.

O coachee é levado a quantificar dez áreas de sua vida e aquilo que estava em seu imaginário passa a ser real, palpável. E esta é uma grande questão. Vivemos a vida sem mensurar ou quantificar nossas probabilidades, não criamos estratégias e planejamentos. Sabemos apenas que não estamos plenamente satisfeitos, mas onde podemos melhorar? O que podemos fazer para alterar esse estado de insatisfação?

Ao reconhecer áreas a serem trabalhadas começamos a entender um pouco melhor que questões levam à insatisfação. Trazemos ao consciente aquilo que é inconsciente. Coisas que sequer pensamos, pois fazem parte de nossa zona cega.

Através desta ferramenta, o coachee percebe seus pontos de satisfação ou insatisfação e observa os pontos que gostaria de trabalhar. Desta forma, podemos iniciar um trabalho mais profundo de autoconhecimento.

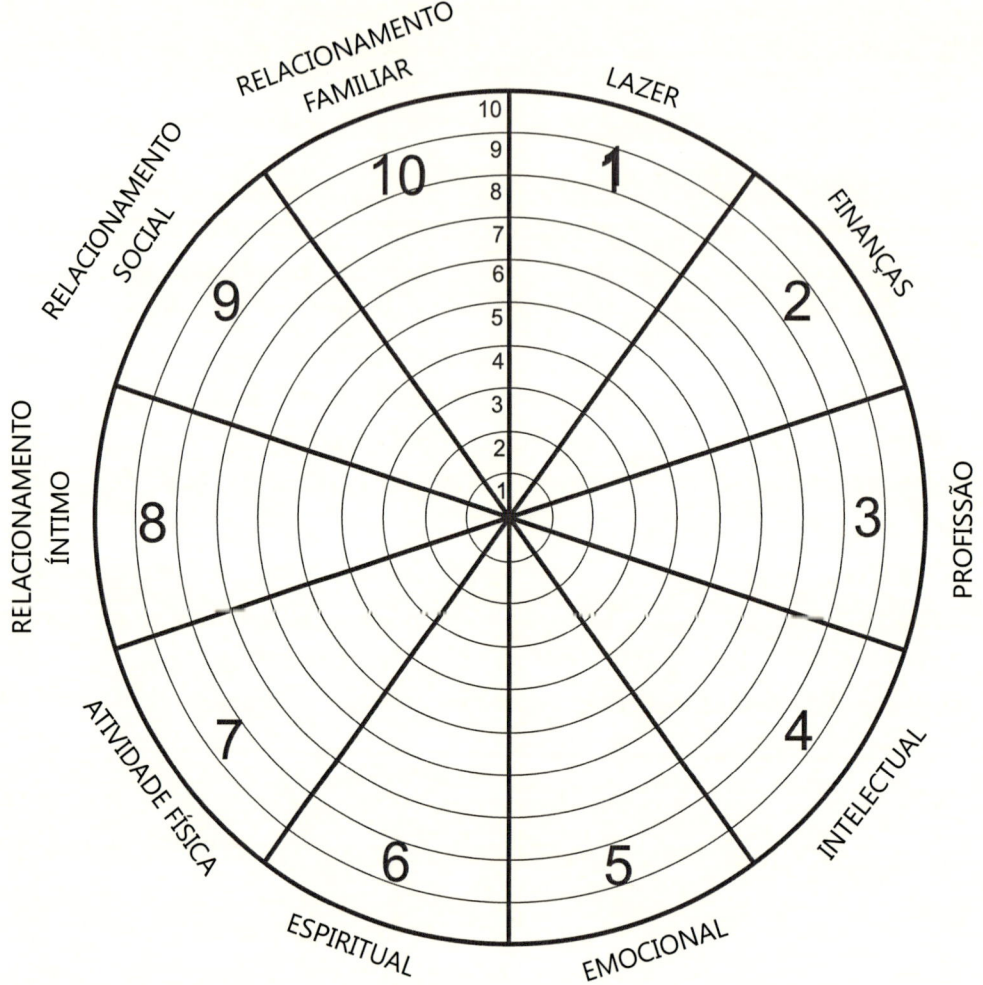

2.1- Quem é você?

Quantas vezes você parou para se fazer as seguintes perguntas: "Quem sou eu? O que eu mais gosto de fazer? O que eu queria ser quando era criança? A criança que eu fui teria orgulho do adulto que sou? O que realmente me dá satisfação?" Ou ainda... "Quais são os meus maiores talentos? O que eu possuo de melhor?"

Tais perguntas, que parecem tão simples e até mesmo bobas, trazem à tona seu verdadeiro eu, promovendo o autoconhecimento e resgatando suas preferências. Não costumamos investir tempo em nos conhecer, queremos simplesmente resolver problemas, trazer soluções e resultados, mas não investimos no grande protagonista de nossas vidas: nós mesmos. O autoconhecimento é capaz de promover a sua evolução pessoal e profissional.

Como é o seu dia a dia hoje? Pense em tudo o que você faz desde a hora que acorda até a hora de dormir. As suas ações seguem os anseios de seu verdadeiro eu? Você costuma respeitar a si próprio, ou acaba sendo simplesmente empurrado pelos afazeres e obrigações diárias? O quanto suas atitudes são tomadas de acordo com seus desejos e aspirações? Ao se fazer estas perguntas sua percepção é de que o maior número de suas ações está coerente com seus desejos, ou não?

3- Reconhecimento de suas maiores virtudes

No decorrer de nossa vida a crítica está muito mais presente do que o reconhecimento de nossas virtudes. Desde a infância os pais instruem seus filhos, demonstrando o que podem ou não fazer e, em sua maioria, o número de críticas supera os elogios e reconhecimento dos pontos fortes. Você sabe qual é o seu ponto forte? Já parou para pensar naquilo em que você realmente é bom? Hoje, em sua escolha profissional, você atua utilizando os seus maiores talentos?

Não podemos pensar em uma profissão sem antes identificar nossos maiores talentos. Em meu processo, através de ferramentas de Coaching realizo o levantamento dos pontos fortes de meus coachees, fazendo com que estes identifiquem e reconheçam o que possuem de melhor. Seus maiores talentos precisam ser reconhecidos. Temos a tendência a focar no que precisamos desenvolver, mas e aquilo em que somos bons? É justo não reconhecer nossas grandes virtudes? Quando trabalhamos utilizando nossas grandes virtudes e talentos, atingimos níveis impressionantes. Aprendemos com a sociedade que precisamos ser bons em tudo e, se aquela competência já está desenvolvida, não precisamos "perder mais tempo" com isso e sim na área em que não nos destacamos. Mas, em sua opinião, é possível ser bom em tudo? Por mais que nossa gama de talentos seja diversificada, sempre haverá as competências com que mais me identifico, e estas com certeza me trarão mais prazer e alegria ao exercê-las.

Liste seus pontos fortes. Escreva as suas maiores competências e lembre-se de situações em que aquele seu ponto forte fez toda a diferença para a realização de uma conquista. Ter um emprego onde é possível utilizar seus maiores talentos fará com que o ato de ir trabalhar se torne algo prazeroso, e quando trabalhamos alinhados com nossas maiores competências conseguimos nos destacar, dar o melhor de nós, sem aquele esforço sobrenatural, muitas vezes necessário para nos tirar da cama, quando estamos atuando em algo que não vai ao encontro de nossos desejos e talentos.

4- Ressignificação de Crenças Limitantes

As crenças são os nossos mais potentes repressores, ou motivadores. Podemos acreditar ou não em algo, e isso fará toda a diferença em nossa busca de objetivos. O processo de interpretação de todos os fatos de nossas vidas depende de nossas crenças e valores, vemos o mundo através das coisas em que acreditamos e os pais são grandes influenciadores. Através de suas próprias crenças limitantes e ao utilizar o medo como recurso didático, os pais introjetam em seus filhos crenças limitantes, que nem sempre estão em nível consciente.

Mas, o que são as crenças limitantes? São resultados de interpretações negativas das experiências que vivemos. No momento em que nos deparamos com uma situação, nossas decisões sofrem influências automáticas, impedindo a mudança de paradigmas e ocorre, então, uma resposta padrão, que pode vir ou não acompanhada de uma "desculpa adaptativa". Como o exemplo seguinte:

João está em busca de uma vaga de emprego, em sua busca de vagas pela internet percebe uma oportunidade exatamente dentro de tudo o que desejou, ao olhar a vaga sente vontade de se inscrever, mas percebe que é necessário ter Inglês fluente e será necessário realizar um teste de nivelamento. João já morou no exterior, fala muito bem o Inglês, mas tem pavor de ser testado, automaticamente, seu cérebro dá a seguinte resposta: "Não vou me inscrever, pois com certeza não passarei, sempre me saio mal em nivelamentos de Inglês". João, como ação, passa direto pela vaga e se conforta dizendo: "Meu Inglês está muito enferrujado, eu não passaria mesmo".

Este é um exemplo de como um pensamento limitante pode tirar sua chance de conquistar algo. Aaron Beck desenvolveu a Terapia Cognitivo Comportamental visando modificar pensamentos e comportamentos disfuncionais (inadequados/inúteis) (Beck, 1964). Quebrar crenças exige tempo e perseverança, a grande dificuldade está em se dar conta do problema e reconhecer a crença limitante, muitas vezes estas respostas são tão automáticas que lidamos como uma verdade absoluta e sequer questionamos nossas crenças limitantes, ou melhor, sequer temos conhecimento da existência destas.

O Coach, através de exercícios, faz com que o coachee tome ciência de suas crenças limitantes, e as questione, buscando evidências positivas e negativas de sua veracidade. Através desses questionamentos o Coach busca enfraquecer a crença, ou até mesmo, caso tenham ocorridos exemplos que comprovem que esta é algo recorrente na vida do coachee, o Coach o incentiva a perceber o que poderá fazer para evitar a repetição e, se ainda assim o fato ocorrer, como poderá lidar com a situação. Incentivando o enfrentamento e como lidar com as frustrações.

Muitas vezes, por medo de falhar, as pessoas evitam tentar, mas viver uma vida de privações poderá fazer com que você escolha a profissão mais segura e não aquela que está de acordo com seus talentos e desejos. A segurança de uma carreira já seguida pelos pais é um grande incentivador na escolha de alguns filhos que têm medo de errar, ou até mesmo de enfrentar ou decepcionar seus pais. Escolher a mesma profissão dos pais não é um problema. A dificuldade ocorre quando a escolha é feita por outros motivos e não condiz com os desejos e talentos do filho.

Questione todo e qualquer pensamento automático que o esteja impedindo de chegar as suas metas e objetivos.

5- Ações efetivas para transição de carreira e/ou desenvolvimento profissional

Bem, agora que você já se conhece, sabe quais são suas maiores virtude e como ressignificar suas crenças limitantes, o que falta então para conquistar sua recolocação e/ou transição de carreira?

Falta um plano estratégico. Para toda empresa ter sucesso é necessário um plano de negócios, por que para uma pessoa seria diferente? Você já traçou sua estratégia de recolocação ou transição de carreira. Quais são os passos que você irá seguir?

O Coach realiza junto ao coachee exercícios que criam uma rotina para a busca de recolocação, levando em consideração o desejo do coachee, pois se ele vai em busca de uma vaga que realmente deseja e está de acordo com seus maiores talentos com certeza ele terá sucesso.

Primeiramente, desenhe em sua mente o seu emprego... Pense em todos os detalhes, imagine-se em seu primeiro dia de trabalho. Você acorda, toma seu café e vai trabalhar... Chegando ao trabalho, como é esse ligar? Qual a cor das paredes? Onde fica a sua mesa? Como ela é? O que tem em cima da mesa? Como é seu dia de trabalho? O que você faz? Vai a reuniões, apresentações? Faz alguns relatórios? E na hora do almoço? Você conversa com seus colegas de trabalho? Faz almoço de negócios? Imagine tudo detalhadamente. Imagine-se agora retornando ao seu lar, como sua família o recebe?

Que sensação você sentiu ao imaginar esse dia? Você está satisfeito com esse sentimento? Acredite, você é capaz de conquistar esse dia. Crie uma estratégia, foque em sua meta, ofereça o melhor de si e você conseguirá ser feliz em sua escolha profissional.

Orientação Vocacional & Coaching de Carreira

Alberto Barreto

2

Coaching Vocacional: a base para uma carreira de sucesso

Alberto Barreto

(79) 99888-1081 / 98803-1081
contato@albertobarreto.com.br
www.albertobarreto.com.br

Coach formado pelo Instituto Brasileiro de Coaching – IBC, especialista em Coaching Vocacional pelo Instituto MS de Coaching de Carreira, atua principalmente nas áreas de Coaching Vocacional e Jurídico com foco na Advocacia, palestrante, possui MBA em Gestão Empresarial e é advogado.

Meio-dia de um domingo normal. Gabriel admirava os filhos brincando pela casa enquanto sua esposa preparava o almoço. Gabriel não sabia, mas o dia seguinte mudaria completamente a sua vida e da sua família.

Após o almoço, Gabriel já começava a planejar mais uma semana de muito trabalho, ele não comentava com ninguém que não aguentava mais essa jornada de médico socorrista, muito stress, noites em claro de plantão, falta de reconhecimento por parte das pessoas ao seu redor. Mesmo assim, acordava determinado pois queria dar uma educação de qualidade aos filhos, um bom plano de saúde em caso de alguma necessidade, poder viajar nas férias e aproveitar a vida.

O dia amanhece e Gabriel já começa a sentir que algo diferente acontecia com ele, como de costume, não comenta nada com a esposa, deixa as crianças na escola e parte para mais um dia longo no hospital de urgências. Ao chegar lá, comenta com Bernardo, colega do plantão, que não está se sentindo muito bem. O amigo, preocupado com a fisionomia desgastada de Gabriel, recomenda que ele realize alguns exames e fique na sala de repouso. Após os exames e uma medicação para acalmá-lo, Gabriel decide se levantar e ir para o atendimento, afinal, há poucos profissionais no hospital e sem ele para ajudar o atendimento com certeza ficaria um caos. No meio do corredor, sente uma forte tontura e acaba desmaiando, um verdadeiro susto para os funcionários que rapidamente o recolocam na sala de repouso.

Ao saber que seu amigo desmaiou, Bernardo vai prontamente saber o que houve, já desconfiado do que seria, solicitou uma bateria de exames. De posse dos resultados, comunicou a Gabriel o que ocorrera, ele havia tido um colapso nervoso devido ao stress e à rotina desgastante.

Assustado, Gabriel sabia plenamente o que ocorrera, já havia atendido centenas de pessoas com esse problema, mas nunca passou pela cabeça dele que um dia o paciente seria ele próprio. Percebeu que na sala só estavam ele e Bernardo, resolveu desabafar com o amigo de longa data:

"Sabe, Bernardo, eu já não aguento mais essa rotina. Acordo todos os dias querendo que dê logo a hora de ir pra casa, só de pensar em vir para o hospital já começo a ficar chateado, não sei o que está acontecendo. Tenho um bom salário, consigo dar uma vida até certo ponto confortável para minha família, mas rezo para chegar o final de semana e fugir dessa loucura. Eu não estou feliz com minha profissão!"

Bernardo ouvia atento, então puxou um cartão e recomendou que ele procurasse, durante o período de afastamento, um Coach de carreira, profissional capacitado para definir e direcionar carreiras, utilizando as ferramentas do Coaching, inclusive ajudando a definir de forma assertiva as metas, no alinhamento de valores, objetivos profissionais e, dessa forma, traçar as melhores estratégias para alcançar os resultados planejados.

Interessado no que Bernardo disse, Gabriel resolveu procurar o Coach de carreira indicado pelo amigo para conhecer mais sobre o assunto e quem sabe dar um novo direcionamento à sua carreira.

O que acontece com Gabriel é, infelizmente, a realidade de muitas pessoas no nosso País. Muita gente anda insatisfeita com a profissão que escolheu, independente da remuneração. Essa insatisfação se dá por diversos motivos: no momento da escolha era muito jovem e não possuía maturidade para escolher a profissão com que mais se identificava; não fez uma pesquisa de campo para saber quais as reais dificuldades da carreira; escolheu seu destino por pressão de terceiros; pensou primeiramente na parte financeira e não na vocação que possui, entre muitos outros motivos que eu certamente passaria certo tempo aqui enumerando.

O que me deixa mais preocupado é que a insatisfação com a profissão, além de poder trazer problemas profissionais, pode trazer também problemas de saúde como stress e outras doenças conhecidas por todos nós.

O que acontece geralmente é o seguinte:

Insatisfação Profissional – Queda da Performance – Maior cobrança no local do trabalho – Queda de resultados – Stress por não estar feliz – Doenças diversas.

Saber qual o melhor caminho seguir e qual a nossa vocação é fundamental para vivermos melhor e de forma plena. É aí que entra em jogo o Coaching Vocacional.

Coaching é uma metodologia de desenvolvimento humano que vem crescendo cada vez mais no Brasil. Pode ser definido como um poderoso processo de desenvolvimento, no qual o Coach propõe poderosas reflexões ao coachee (cliente) através de ferramentas e técnicas eficazes em busca de um objetivo. O Coaching Vocacional, portanto, é um processo que visa, através de técnicas e ferramentas, ajudar o coachee a refletir sobre a sua verdadeira vocação, orientando qual o melhor caminho a seguir para ter uma carreira de sucesso.

Meu objetivo é fazer com que você clareie suas ideias. Tenha certeza de que todas as respostas de que você precisa estão aí dentro, só precisando de uma provocação para virem à tona!

Vamos às poderosas ferramentas que farão você refletir sobre sua vocação!

Para iniciar é fundamental esclarecer que um dos pilares de qualquer processo de Coaching é o autoconhecimento. Pra que isso serve?

Muitas pessoas fazem enorme sucesso nas mais variadas facetas da vida, elas parecem exercer um poder natural de encantamento sobre os outros. Essas pessoas de sucesso possuem um diferencial, conhecem a si mesmas detalhe por detalhe, sabem como vão agir em cada situação e se preparam para aquilo, sabem quando estão se autossabotando e entram em ação para viverem em plenitude.

1) Autoconhecimento

Conte-me três ou mais situações em que você superou suas próprias expectativas de desempenho:

1._____
2._____
3._____

O que você faz com prazer, sem que precise ser pedido por alguém?
_____
_____
_____
_____

Você faz algo sem esforço que as pessoas ao seu redor admiram e elogiam?
_____
_____

Quais são as suas maiores habilidades? Liste cinco palavras-chave relacionadas com cada uma.

1._____
2._____
3._____
4._____
5._____

2) Descobrindo habilidades e talentos

Preencha o quadro abaixo de forma simplificada com algumas atividades que você já viveu; é mais uma ferramenta poderosa para reflexão:

O QUE VOCÊ FEZ?	PERCEBEU QUE É BOM EM...	APRENDEU QUE GOSTA DE...	APRENDEU QUE NÃO GOSTA DE...
Ex. Apresentou um trabalho.	Ex. Falar em público.	Ex. Falar para muita gente ouvir.	Ex. Apresentar o trabalho sem estudá-lo detalhadamente.

Responda o quadro abaixo com a nota 4 para a palavra que mais se parece com você, decrescendo até 1, para a palavra que menos se identifica com você.

COLUNA 1	COLUNA 2	COLUNA 3	COLUNA 4
Adaptável	Inquisitivo	Organizado	Crítico
Sociável	Criativo	Objetivo	Questionador
Individualista	Aventureiro	Prático	Acadêmico
Flexível	Inventivo	Preciso	Sistemático
Compartilhador	Independente	Ordenado	Sensato
Cooperativo	Competitivo	Perfeccionista	Lógico
Sensível	Audacioso	Trabalhador	Intelectual
Popular	Solucionador	Planejador	Leitor
Associativo	Originador	Memorizador	Analisador
Espontâneo	Mutante	Direcional	Julgador
Comunicativo	Descobridor	Cauteloso	Razoável
Preocupado	Desafiador	Praticante	Examinador
Sensitivo	Experimentador	Realizador	Pensador
COLUNA 1	COLUNA 2	COLUNA 3	COLUNA 4

Se a sua pontuação mais alta foi na coluna 1, você pertence ao grupo 1.
Se a sua pontuação foi mais alta na coluna 2, grupo 2.
Se a sua pontuação mais alta foi na coluna 3, grupo 3.
Se foi na coluna 4, grupo 4.

GRUPO 1 – Pessoas pertencentes a esse grupo geralmente são ponderadas, sensíveis, flexíveis, criativas e preferem trabalho em grupo. Aprendem melhor quando podem compartilhar com as pessoas ao seu redor, têm o dom de equilibrar trabalho com diversão e são comunicativas. Podem ter dificuldade para dar ordens precisas, focar a atenção em uma coisa de cada vez.

GRUPO 2 – Pessoas do grupo 2 adoram experimentar, são independentes, curiosas, pensam e agem de forma diferente, são capazes de gerar mudanças. Aprendem melhor quando utilizam o método de tentativa e erro.

Produzem resultados reais, podem competir e são autodirigidas. Podem ter dificuldades de lidar com prazos, acompanhar uma aula ou palestra.

GRUPO 3 – São planejadores por essência. Organizados, adoram descobrir fatos e seguir direções claras. Aprendem mais quando têm um ambiente em ordem, com regras claras. Confiam que os outros cumprirão bem seus papéis. Têm dificuldade de compreender sentimentos, lidar com oposições, responder perguntas vagas.

GRUPO 4 – Têm habilidade natural para debater pontos de vista, buscar soluções, analisar e debater ideias, determinar valores e importância. Aprendem mais quando têm acesso a recursos, podem trabalhar de forma independente e são respeitadas pela sua capacidade intelectual. Podem ter dificuldades de trabalhar em grupo, lidar com críticas e convencer os outros diplomaticamente.

Se você estiver com o pensamento de que pertence um pouco a cada grupo, não se preocupe, você está certo! Algumas características aparecem mais em um grupo do que em outro e em suas atitudes cotidianas. Esse teste não é imutável, fixo, seu perfil pode alterar conforme suas mudanças.

Responda o quadro abaixo, vai ajudar a clarear suas ideias a respeito das profissões.

MEU TALENTO	POSSO CONTRIBUIR	PROFISSÕES
Ex. Gosto de estudar sobre alimentos.	Ex. Com a saúde e bem-estar das pessoas.	Nutricionista

Para concluir essas ferramentas valiosas de Coaching Vocacional, compartilho uma ferramenta importantíssima e utilizada para qualquer área da vida. Sem um objetivo claro, nossa vida fica vazia, nosso tempo não é aproveitado da melhor maneira, não vivemos em plenitude e felizes. Formate vários objetivos de vida, sonhe, vá em busca daquilo que você deseja e experimente vencer!

OBJETIVO O QUÊ? QUANDO? ONDE? COM QUEM? Alcançável, específico, contextualizado, iniciado e mantido. Data: _____/_____/_____		EVIDÊNCIA QUAL A EVIDÊNCIA QUE VOCÊ CONSEGUIU?
MOTIVADORES (GANHOS) O QUE SE GANHA COM ISSO?	SABOTADORES (PERDAS) O QUE SE PERDE COM ISSO? QUAL A RELEVÂNCIA? COMO MINIMIZAR POSSÍVEIS PERDAS?	VALORES POR QUE É IMPORTANTE? QUAL A RELEVÂNCIA?
ESTRATÉGIAS QUAIS AS FORMAS PARA CONSEGUIR ISSO?	AÇÕES QUAIS OS PASSOS PARA CONSEGUIR ISSO?	RECURSOS DO QUE VOCÊ VAI PRECISAR?

Escolher a profissão certa em um mundo cada vez mais mutável e criativo no cenário profissional é um desafio diário. A mudança é uma lei, e cada um de nós, além de devermos saber nos reinventar em nossas carreiras, devemos saber a hora de mudarmos, caso necessário. Mudar por vontade própria pode ser difícil pela exigência externa, porém, mudar pelo motivo de a nossa profissão ter sido extinta é desesperador! Por isso, mesmo hoje estando na profissão dos sonhos não devemos fechar os olhos para o que acontece lá fora.

O primeiro passo é buscar um profissional capacitado para tal, ter um mentor é fundamental para que as escolhas sejam certeiras. Ouvir, aprender, errar são necessidades básicas para a evolução. Pesquise, ouça o lado bom e principalmente o lado ruim de cada profissão a ser escolhida. Todas têm suas dificuldades. Caso você ouça a parte difícil e mesmo assim se sinta entusiasmado com a carreira, vá em frente, você terá muito sucesso. Caso não se anime, não se entusiasme, pense em outra profissão e continue a pesquisa!

Você não merece viver feliz somente nos finais de semana, feriados e férias. A vida já é curta demais para viver somente dois dias de um total de sete!

Aproveite o presente que é renascer todos os dias.

Você merece conquistar todos os seus sonhos!

Gratidão!

Orientação Vocacional & Coaching de Carreira
André Neves

Influências e impactos na construção da carreira

André Neves

(11) 99588-7859 / www.ancoach.com.br
contato@ancoach.com.br – andrenevescoach@gmail.com

Profissional com mais 20 anos de experiência em Gestão e Desenvolvimento de Pessoas em empresas de médio e grande porte. Formado em Administração de Empresas, pós-graduado em RH e com MBA em Coaching pela Fappes e MBA em Gestão Estratégica e Econômica de Negócios pela FGV. Coach formado pela Sociedade Brasileira de Coaching, TIGS (The Inner Game School), master em carreira e finanças pessoais, Mentoring, Practitioner em PNL e Hipnose e qualificado nos Assessments MBTI, Birkman, Quantum e Alpha Coaching. Coautor do livro Superação, lançado em 2015.

As inúmeras mudanças nos contextos locais e globais e nas relações pessoais ou profissionais, tecnológicas, de comunicação, de cultura, entre outras, alteraram as expectativas e a maneira como cada geração percebe o mundo, os seus direitos e deveres. Vivemos em uma época em que os indivíduos aprenderam a valorizar a qualidade de vida com horas livres para reflexão, lazer ou esportes, cuidados pessoais, descanso ou aproveitar a família. Também aumentou a busca pelo autoconhecimento, qualificação pessoal e profissional e por realizar antigos sonhos e hobbies.

Atualmente, temos mais acesso a recursos e a diversas fontes de informações que estão disponíveis para que possamos escolher e orientar nossas decisões. Para melhor usufruirmos de todo este conhecimento, precisamos de discernimento para separar o que é importante e prioritário e transformá-lo em algo que agregue, que tenha sentido, significado e gere mobilização para ação.

O desafio está maior e a busca constante do equilíbrio entre atender o que se espera de um bom profissional, gerar resultados para os negócios, ser realizado profissionalmente, e ainda conciliar tudo com uma vida pessoal, familiar e social, faz o indivíduo se sentir pressionado, sufocado e cansado da situação, podendo até desenvolver problemas de saúde física, emocional, intelectual ou espiritual.

Como conseguir atender a todas as demandas de forma equilibrada, proporcionando qualidade de vida e desfrutando dos benefícios?

Existe um número cada vez maior de profissionais que relatam desconforto parcial ou total desmotivação com seus atuais empregos. Segundo as pesquisas divulgadas pelo Instituto Gallup, os resultados revelaram uma estatística preocupante: mais de 70% das pessoas estão insatisfeitas com o seu trabalho.

Na prática, a situação se confirma, não é raro observarmos pessoas próximas ou não sentirem que não se encaixam, que não estão totalmente integradas ou não pertencem ao ambiente, fazem mecanicamente um trabalho que não as realiza ou acreditam que poderiam contribuir mais.

Trabalhar sem entusiasmo e sem propósito cria uma rotina sem sentido e significado, mantém o desengajamento e infelicidade. Sem perspectivas, grande parte permite passar os dias esperando alguma solução, que algo ou alguém as salve desta situação indesejada.

Uma base bem construída é fundamental para o sucesso profissional. Entender as possíveis origens ajuda a esclarecer as causas e viabiliza a implementação de ações com intuito de minimizar os efeitos. A maior parte dos problemas poderia ser evitada com educação e orientação adequadas, pois geralmente está relacionada a um início de carreira sem planejamento, sem estrutura, acompanhamento ou controle. Invariavelmente esta insatisfação ou incômodo consome os pensamentos, sentimentos e afeta comportamentos que retroalimentam e validam pensamentos negativos, lançando o profissional na armadilha de um ciclo destrutivo, que é prejudicial e pode até paralisá-lo.

Estagnação profissional

A estagnação na carreira gera um grupo limitador que se alimenta com evidências construídas e distorcidas, reforçando o processo PCM, que por sua vez confirma a estagnação.

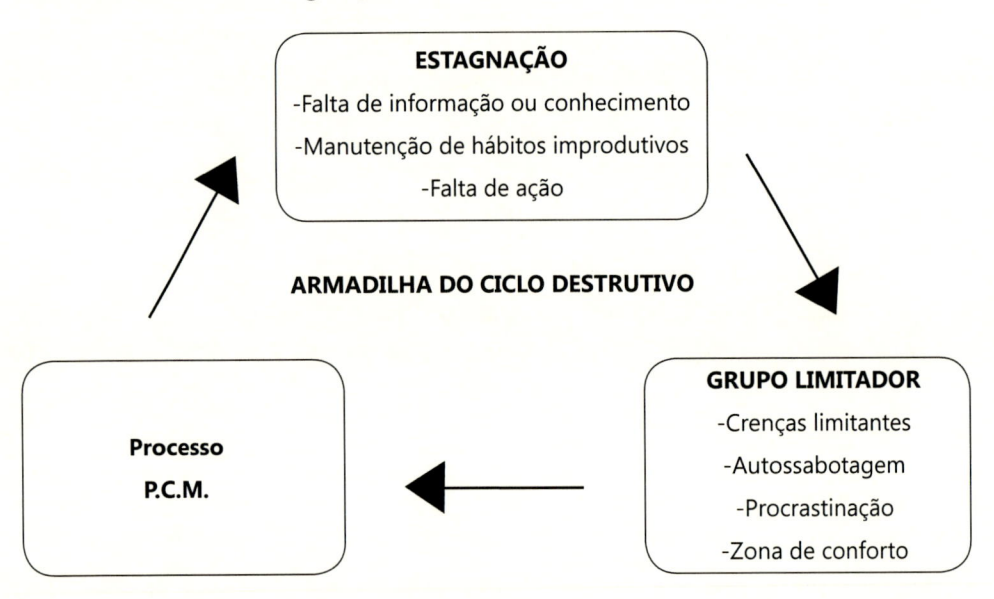

ESTAGNAÇÃO
- Falta de informação ou conhecimento
- Manutenção de hábitos improdutivos
- Falta de ação

ARMADILHA DO CICLO DESTRUTIVO

Processo P.C.M.

GRUPO LIMITADOR
- Crenças limitantes
- Autossabotagem
- Procrastinação
- Zona de conforto

Estagnação: é o resultado. É aparente e mais fácil de ser percebida nos comportamentos observáveis, seja pelo indivíduo ou por outras pessoas com que convive.

Crenças limitantes: interpretamos e interagimos com nosso mundo através de um processo de filtragem com base em nossas crenças e valores. Agimos e reagimos a partir das coisas em que acreditamos, seja para o bem ou para o mal. As crenças estão presentes e geram interferências em todos os contextos da vida, elas são nossos mais potentes repressores e podem nos paralisar, gerar vitimização e dependência.

Infelizmente as pessoas acreditam, se apegam e se apoiam a estas crenças, se limitando a viver por elas, reforçando-as cada vez mais.

Autossabotagem: a pessoa começa a se sabotar, tornando-se seu principal inimigo. Significa que sabe dos benefícios, entende os prejuízos e perdas e ainda assim mantém ações e hábitos destrutivos. Fica se justificando e tentando convencer a si e aos outros das razões para não agir e não implementar mudanças que muitas vezes ela mesma estabeleceu, como, por exemplo, emagrecer ou buscar um novo de emprego.

Procrastinação: apesar de saber dos benefícios e consequências, a pessoa posterga as atividades e coloca prioridades em coisas menos importantes classificando-as como imprescindíveis.

Zona de conforto: gosta da situação que vive e está satisfeito com isso. O problema é que se não tentar se desenvolver ficará ultrapassado. Geralmente tem medo do novo e não quer se arriscar.

Algumas pessoas preferem viver a ilusão de uma vida na zona de conforto, pela enganosa sensação de segurança que é gerada. Muitas vezes a zona de conforto nem é tão confortável assim, mas é uma situação conhecida e o indivíduo prefere manter as coisas como estão.

P.C.M. são as iniciais das palavras **p**ossibilidade, **c**apacidade e **m**erecimento. O processo PCM sintetiza o possível roteiro mental das pessoas quando buscam um objetivo, sonho ou meta. Se um dos elementos não for processado de forma positiva, compromete ou dificulta a realização do que foi almejado.

Possibilidade: a pessoa acredita na possibilidade de realização das inúmeras oportunidades que lhe são dadas. Muitas pessoas, de forma consciente ou não, acabam exagerando e perdendo o senso de realidade ou permitindo que o medo as paralise e passam achar as coisas impossíveis e não agem.

Capacidade: a pessoa acredita que é possível, mas não se sente preparada e capaz de realizar determinada ação.

Merecimento: neste estágio avaliamos, inconscientemente, o mérito para alcançar o que desejamos. Muitas pessoas dizem que querem ter uma vida melhor, mas intimamente não acreditam que são merecedoras, pois de alguma forma sentem-se desconfortáveis e apresentam justificativas para não atingirem o sucesso almejado.

A combinação do processo PCM interpretado de uma forma negativa, somado a crenças limitantes, autossabotagem, procrastinação e zona de conforto é destrutiva, causando grandes prejuízos e atrasos na vida e na carreira das pessoas.

Manutenção da situação

Fazemos parte de um sistema onde nossas decisões não interferem ou atingem somente a nós mesmos, causamos impactos positivos e negativos de acordo com a forma como nos posicionamos e nos apresentamos. Este movimento gera um processamento e nos devolve da mesma forma e intensidade, retroalimentando este sistema e afetando as principais áreas da vida:

Pessoal: indivíduo insatisfeito ou não realizado, baixa autoestima, falta de propósito, não se sente parte ou importante, desemprego etc.

Saúde: doenças ou desconforto físico, emocional, intelectual ou espiritual.

Relacionamento: falta de harmonia e crise familiar com cônjuge, filhos, profissionais, pessoais, sociais, familiares etc.

Finanças: orçamento doméstico descontrolado, perda da tranquilidade financeira, acúmulo de dívidas, perda de investimentos e do poder de consumo, aquisição e outras realizações.

Se os principais riscos são evidentes e os prováveis impactos conhecidos, qual é a razão de se manter a situação?

Provavelmente, os profissionais incorporaram à rotina do trabalho, já nem notam o cenário em que vivem, tampouco os seus impactos, seguindo e alimentando diariamente o problema e consequências.

Influências e contexto profissional

Cada fase da carreira é única e é composta de elementos que geram emoções e comportamentos específicos, que por sua vez necessitam de atenção e cuidados adequados a cada uma delas. Não podemos aplicar a mesma ação ou solução, cada situação deve ser estudada separadamente para que seja mais bem entendida e administrada. Um dos maiores desafios é lidar com as influências de pessoas, dos cenários e condições, que são dinâmicos e mutáveis.

Para melhor entender o contexto e como interagir com os cenários, a teoria dos ciclos de influências sobre as pessoas ilustra quais são as pressões e desafios de cada fase e como influenciam nossas decisões. Esta abordagem visa facilitar o entendimento, pode gerar muitos insights e aprendizados.

Edgard Schein (1978) aborda a carreira como um processo em que a pessoa é percebida de forma holística e considera para a análise a integração e interação em outros contextos. Para direcionar corretamente as questões relacionadas a carreira, devemos entender estas relações e pressões de cada um dos três ciclos que ele agrupou, e quais os impactos e consequências:

A. Ciclo biossocial: pressões e problemas decorrentes e associados ao processo de crescimento e envelhecimento.

B. Ciclo Profissional ou de Carreira: pressões associadas ao trabalho, construção, manutenção ou encerramento da carreira (foco deste capítulo).

C. Ciclo familiar ou de procriação: pressões e problemas decorrentes das grandes e marcantes mudanças estabelecidas nas relações entre a pessoa e sua família.

No gráfico a seguir, existem zonas de alta pressão que merecem ser estudadas e analisadas, para que ações diretas e efetivas sejam implementadas com intuito de minimizar impactos e consequências não positivas, pois cada pico demonstra períodos importantes que tendem a ser de grande influência nas decisões dos projetos pessoais ou profissionais, e tais escolhas determinarão o futuro e o destino.

Ciclos de influências sobre as pessoas

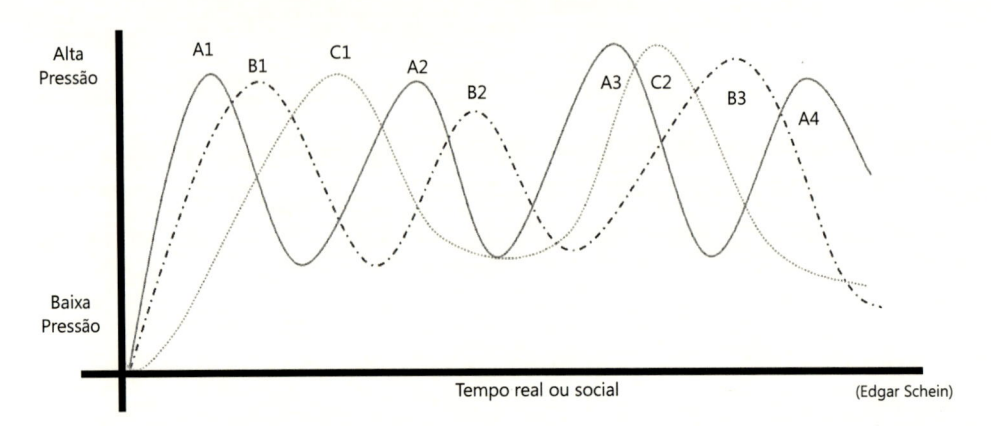

Tempo real ou social

(Edgar Schein)

A – Ciclo Biossocial

A1 Adolescência – nesta fase acontecem inúmeras transformações, o adolescente sofre pressão da família, dos colegas, tem necessidade de pertencimento, o objetivo de se estabelecer por conta própria e fazer a transição para o mundo adulto desenvolvendo sua estrutura de vida e seu estilo. É uma fase de descobertas e, à medida que vão ganhando maturidade, as pressões sociais levam as pessoas a escolhas mais definitivas e muito em breve, junto com tantas mudanças, ainda terão de tomar uma decisão importante que pode definir o seu futuro: sua carreira (B1).

A2 Crise dos 30 – nesta fase, mais maduro, com sua família constituída e carreira estabelecida, passa a querer coisas diferentes para a sua vida, confronta-se com a disparidade entre sonhos e a realidade vivida, podendo emergir novamente conflitos semelhantes aos da adolescência. Aqui também são sentidos alguns sinais de declínio da capacidade física.

A3 Crise da meia-idade – a fase de maturidade é apontada como a fase da permanência, marcada por mudanças significativas, principalmente vividas no ambiente profissional, que são base para outras decisões importantes.

A4 Crise da velhice – é vista como uma fase de declínio das capacidades físicas e intelectuais, estimulando as pessoas a retirarem-se gradativamente de sua atividade predominante durante a fase adulta e de maturidade.

B – Ciclo Profissional ou de Carreira

B1 Entrada na carreira – é uma época de adaptação. O principal aprendizado começa neste ponto com a evolução de aptidões, objetivos e valores e são testados em meio a turbulências na vida prática. Deve decidir qual carreira deve seguir e investirá tempo, energia e dinheiro. O problema é que muitas vezes este adolescente/jovem não tem orientação e autoconhecimento, ele não sabe qual a vocação, do que ele gosta ou não gosta, qual o melhor caminho a seguir. A situação pode ficar ainda mais delicada, pois, dependendo da família ou do meio onde este jovem está, esta pressão poderá ser maior.

B2 Consolidação na Carreira – aqui a identidade profissional está estabelecida e possivelmente já definida como a fonte de renda. Neste momento, pode ocorrer uma movimentação para reavaliação da carreira e pode ser importante para que se posicione, alavanque e se realize. Por outro lado, se não for bem conduzida, esta pessoa pode, sem preparo, desejar fazer transição, uma mudança radical pode impactar outras pessoas ou o meio, ou então pode ficar passivo, perceber que é infeliz, escolher se lamentar, viver insatisfeito e se conformar, deixando tudo como está.

B3 Retirada da carreira, desligamento – fase marcada pela desaceleração e menor envolvimento nas atividades, começa a pensar na aposentadoria. No caso do descarrilamento, é muito comum que não estejam preparadas ou não tenham clareza do momento e a variação da autoimagem profissional e suas decisões nesta fase muda muito de pessoa para pessoa. Para alguns é a possibilidade de programar uma nova carreira, para outros pode ser traumática, a ponto de perder a saúde física ou mental, às vezes provocando depressão ou males maiores.

C – Ciclo familiar ou de Procriação

C1 Casamento e nascimento dos filhos – fase marcada com mudança muito grande na estrutura de vida. A saída da casa dos pais e assumir as despesas e o rumo da vida com a nova família que acabou de ser criada geram uma série de expectativas e dúvidas quanto ao futuro e a capacidade de seguir em frente. O nascimento dos filhos também acontece nesta mesma época e é igualmente desafiador, tem de estar preparado para esta nova etapa e adaptar-se à mudança na rotina da vida. Crescem as preocupações com a carreira e a capacidade de gestão financeira e familiar.

C2 Adolescência dos filhos e saída de casa – acontece quando os filhos estão deixando o convívio com seus pais, conhecida como fase do "ninho vazio". Neste período, o casal tem como tarefa permitir que os filhos sigam a vida que optarem e vivam fazendo suas escolhas dentro do ciclo de vida em que estão, provavelmente uma combinação do A1 com B1 ou A2 com B2.

Agora chegou a hora de ajudar, orientar a escolha de carreira dos filhos adolescentes que a esta altura está passando pelas mesmas angústias que seus pais passaram na época (A1), com a diferença de que hoje temos mais acesso e conhecimento de ferramentas para direcionar tais escolhas.

Independente da questão dos filhos, nessa fase o casal passa a rever o papel de cada um e o relacionamento, e é comum que surjam conflitos conjugais devido às mudanças, e os que permanecem unidos buscarão desenvolver a relação de iguais e preparam-se para a função de avós necessitando adaptar-se ao novo contexto familiar e social, além de preparar-se para a aposentadoria (B3), que significa em alguns casos uma possível queda na renda.

É importante considerar que o tempo de duração das fases é variável e depende do perfil, dinâmica e processamento das atividades de cada indivíduo.

Buscando satisfação profissional

Naturalmente, existem pessoas que estão bem satisfeitas com suas escolhas profissionais, realizadas por terem identificado e seguindo sua missão felizes com as suas escolhas, independente de enfrentarem os eventuais transtornos e desafios que surgem ao longo da caminhada. Estão radiantes e expandindo para outros setores da sua vida e contagiando pessoas a sua volta. Mas, como será que elas conseguem?

Certamente se prepararam, aproveitaram a oportunidade de construir a vida com bases sólidas. Aprenderam e estão em constante desenvolvimento, mantendo uma atitude positiva para enfrentar, superar e aprender com os erros, pois as crenças que possuem favorecem suas conquistas.

As crenças podem ser benéficas se escolhermos e cultivarmos pensamentos e sentimentos positivos e deixá-los regerem a nossa vida. Nossas convicções nos ajudam a dar os passos necessários rumo aos nossos sonhos e seguir em frente, com equilíbrio para não supervalorizarmos nossas habilidades e subestimar desafios. Elas também podem alimentar de forma positiva o processo PCM, que por sua vez reforçará as crenças positivas, criando um ciclo virtuoso de crescimento e desenvolvimento.

A pessoa passa a acreditar que ela pode, é capaz e merece e, assim, realiza. Basta decidir e acreditar que pode mudar sua situação e trabalhar até se sentir plenamente realizado. O sucesso vem com fatores que se somam, se complementam e resultam em uma transformação sustentada por autorresponsabilidade e proatividade.

Autoconhecimento – a chave da mudança

O autoconhecimento é a base, o ponto de partida para qualquer transformação, só podemos mudar o que conhecemos ou reconhecemos e precisamos estar dispostos e nos preparar. É importante ter este conhecimento sobre nós mesmos e entender como funcionamos, nos comportamos, agimos e o porquê, pois nos dá clareza e nos possibilita compreender como as coisas são realmente e não como idealizamos baseados em filtros e percepções, que podem gerar as interferências que nos impedem ou tornam a caminhada mais desafiadora.

Quando temos clareza do que somos, do que queremos e os nossos valores, focamos e vivemos por um propósito, abandonamos a autopiedade e dirigimos a própria vida, saindo do papel de vítima ou algoz e passamos efetivamente a nos perceber como responsáveis por nossas escolhas. Obtemos a coragem para enfrentar situações desconfortáveis e desafiadoras, enfrentar nossos medos, crenças limitantes, fraquezas e trabalhamos para melhorá-las, aprendendo a nos amar mais, e principalmente aprendemos a nos aceitar como somos.

Precisamos ter um propósito, uma razão forte suficiente para seguir com uma fé inabalável, mantendo o foco, disciplina e determinação, sem nos entregar à tentação de aceitar limites confortáveis.

Devemos entender nossos valores, forças, potencialidades, aprender a administrar as fraquezas para que não interfiram no desenvolvimento e acelerar os resultados usando as forças a favor para eliminar os GAPs e interferências nas questões pessoais e profissionais. Assim chegaremos ao sucesso.

Se os objetivos e metas **profissionais** estiverem alinhados e equilibrados com os **pessoais**, será uma força convergente e esta composição facilitará a busca e realização, e, seguindo o nosso propósito, mudaremos a percepção de trabalhoso para prazeroso.

A trajetória profissional exige dedicação, disponibilidade e muito trabalho. Conseguir gerenciar a carreira com as demais obrigações pessoais, vida familiar, social ou religiosa pode ser complicado, porém, é o equilíbrio, o balanço de tudo isso que vai ajudar a tornar a sua carreira mais prazerosa e positiva.

Um processo de Coaching ou Mentoring de Carreira é muito efetivo em toda a trajetória profissional, desde autoconhecimento, autoavaliação e compreensão do perfil e aptidões, até definição estruturada dos seus objetivos, além de ajudar a identificar e traçar em conjunto o melhor caminho para executar seu plano rumo ao sucesso na carreira, e trilhá-lo.

Sucesso e prosperidade!

Orientação Vocacional & Coaching de Carreira

Andréia Leonor

4

Passado e futuro: aprenda no aqui e agora a manter o foco e o entusiasmo mudando o seu Mindset

Andréia Leonor

(11) 99581-2200 / www.vocenalideranca.com.br
andreia_coach@hotmail.com / andreia@vocenalideranca.com.br

Pós-graduada em Psicologia Clínica, especialização em Cognitivo Comportamental e Terapia Breve. Coach e Analista Comportamental DISC pelo IBC (com certificações Nacionais e Internacionais). Possui formação em Practitioner PNL e Psicologia Positiva.
Desenvolveu sua carreira passando por grandes empresas como Hidrobrasileira (Harza Engineering), FIESP e FEBRABAN.
Estudiosa do Comportamento Humano, desde outubro de 2011, vem focando no Coaching de Carreira.
Estudante e Empreendedora no mundo digital, palestrou em diversos eventos online.
Desenvolvedora do curso Finanças Pessoais (com aplicação das ferramentas da Psicologia e Coaching) para a ABECS, onde recebeu o selo do CONEF – Comitê Nacional de Educação Financeira, e regulamentado pelo Banco Central do Brasil.
Idealizadora dos E-books: "O Líder e o Capital Humano" e "Almejando a Consolidação Profissional". Coautora do E-book: "EmpowerMind - Como blindar sua mente para superar qualquer Crise! (Descubra os 12 Segredos que Qualquer Pessoa Pode Aplicar na Sua Vida para Superar Pressões e Dificuldades no Trabalho, Conquistar Promoções na Carreira e ter uma Vida Tranquila em Apenas 4 semanas)".

Onde tudo começa...

Quando começamos a ter o "porte e idade" para trabalhar, nem sempre sabemos ao certo o que desejamos para o nosso futuro profissional. Muitas vezes as curiosidades e/ou interferências externas (como pais, amigos, mercado etc.) falam mais alto e chegam a nos levar a lugares que, de fato, nem havíamos pensado. Lamentavelmente, são poucas as vezes que dão certo.

Claro que tive muitas destas interferências ao longo da minha vida, escolha isso, faça aquilo, isso não dá dinheiro, só tem gente ruim neste meio etc. etc. etc.

Sem perceber foram sendo instaladas "crenças" que me limitavam a encontrar a minha verdadeira Vocação, bem como não deixavam nenhuma porta se abrir para o encontro da minha profissão e Missão de Vida.

Quero compartilhar com você minha experiência, resumidamente, na intenção positiva de você encontrar verdadeiramente o seu LUGAR, o Seu Espaço na Sua Carreira Profissional.

Quando encontramos pessoas que passaram pela mesma situação, dá-se a entender que a outra sabe exatamente o que você vivencia. Já percebeu isso?

Antes de seguir adiante, quero lhe esclarecer o que é Mindset

O modo como VOCÊ vê o mundo é como um mapa formado pelas suas Crenças e Valores. Traduzido por uma nomenclatura mais técnica, os americanos deram o nome de mindset, representando o modo dominante como vemos, como nossa mente está configurada para funcionar. Compreendemos e julgamos as coisas à nossa volta, o que por sua vez norteia as nossas ações no dia a dia profissional, pessoal e também o mundo dos negócios, portanto, é muito importante que você descubra qual é o seu mindset atual.

A mudança do meu Mindset

Passei por diversas atividades profissionais, como vendedora, secretária de consultório médico, baby-sitter, fui produtora de comerciais, chegando a atuar em alguns com grandes personalidades da mídia televisiva como Tony

Ramos, André de Biasi e Kadu Moliterno, Thunder Bird, Fausto Silva, Adriano Reis, Lima Duarte. Tudo por não saber, ainda, qual seria a minha profissão. O que ia aparecendo, eu ia realizando. Confesso que em alguns destes trabalhos cheguei a me divertir e ganhar dinheiro, entretanto, sabia que não era aquilo que sonhava, mesmo não entendendo o que eu queria realizar, tinha consciência de que não era nada disso.

Não sentia que eu pertencia àqueles lugares, àquelas atividades.

Após vários questionamentos, reflexões, e muitas conversas com meu diretor na época em que trabalhava numa empresa de engenharia, busquei uma Orientação Vocacional. Achei fantástico e tudo que aparecia durante o processo era realmente EU, o que eu gostava, quais eram as minhas habilidades, como eu lidava com minhas emoções, e, ainda, onde eu poderia chegar. Até então, eu não conseguia enxergar estes recursos.

Com o apoio das pessoas certas, e mais do que tudo o meu próprio apoio, tornei-me pós-graduada em Psicologia Clínica, especializando-me em Cognitivo Comportamental e, posteriormente, busquei outros conhecimentos para aprimorar o desenvolvimento pessoal (tanto para o meu desenvolvimento quanto para os meus clientes e pacientes).

Apesar da especialização clínica, eu tinha um amor enorme em trabalhar em instituições, em empresas. Me permiti esta experiência, migrando depois de dois anos clinicando para uma divisão da área de Recursos Humanos, atuei por 14 anos com Treinamento e Desenvolvimento de Pessoas.

O aprendizado foi tamanho que tomei a iniciativa de desafiar-me mais. Percebi que meus conhecimentos não estavam sendo suficientemente aproveitados e aplicáveis no dia a dia, até que passei por um treinamento de liderança com acompanhamento de profissionais especializados em Coaching.

Estava aí, neste momento, neste lugar, onde a experiência de autoconhecimento foi ao ápice de tal forma que fui buscar mais informações ainda, até, então, que eu tomasse a decisão de certificar-me como profissional Coach.

Percebi e senti que a vivência nas empresas mais as experiências que tive como aluna (na faculdade de Psicologia e durante a formação em Coaching) me levariam ao que eu sempre busquei, encontrei a Minha Missão de Vida!

Identificar nossa essência e o que viemos fazer aqui nem sempre é simples. Mas, sem dúvida, é o que pode fazer a diferença.

E você pode estar se perguntando: o que é esta tal Missão de Vida?

Missão de Vida é o propósito da sua existência. É sua razão de ser. Qual é o principal benefício que você leva para as pessoas? Quais são os seus talentos, suas habilidades especiais? O que você quer realizar nesta vida?

Vamos descobrir qual a Sua Missão de Vida?

Defina qual é a principal vantagem competitiva que te distingue das outras pessoas. Defina se há algum interesse especial que deveria estar na missão. Elabore uma frase curta que apresente o benefício, a vantagem competitiva.

Outras perguntas que te ajudarão a elaborar a sua Missão:

◆ O que você realmente quer? O que te energiza?

◆ Mesmo cansado no final do dia, o que você faz e diz que valeu todo o esforço?

◆ Quais são as ações e vivências que fazem seu coração vibrar?

◆ O que acontece, na prática, que enche seus olhos e sua boca, que dá vontade de falar para todo mundo? Qual o maior aprendizado em você realizar suas atividades?

A minha Missão, Andréia, é atuar com pessoas. Inspirá-las para a expansão de suas ideias e formação de relacionamentos saudáveis e duradouros no ambiente onde vivem. Contribuir com seu autoconhecimento e desenvolvimento pessoal e profissional. Promover o Empoderamento da Sua Vida, efetivamente!

Conhecendo a Si Mesmo

Conhecer a si mesmo irá fazer você se sentir mais confortável em sua própria pele. Vai reduzir o estresse e a ansiedade. Vai fazer de você uma pessoa melhor, um marido melhor, uma esposa melhor, uma mãe melhor, um amigo melhor...

Além disso, você realmente não vai conseguir nada significativo na vida até que saiba quem é o seu verdadeiro "EU". E não a sua marca ou como você acha que as pessoas pensam que você é.

> "Há uma razão simples pela qual você não deve tentar ser algo que não é: você simplesmente não pode. O seu "EU" real vai despertar de qualquer maneira. Portanto, esqueça a sua marca pessoal e torne-se a melhor versão daquilo que você pode ser." (Steve Tobak)

Vamos exercitar?

Aproximando o Eu Real do Eu Ideal

Objetivo da ferramenta: avaliar a situação atual e detalhar a situação desejada em um modelo de abordagem positiva.

1) Desenhe seu EU Ideal

a) O que você gostaria de alcançar?
b) No que gostaria de ser bom?
c) Quais qualidades, competências ou talentos você gostaria de ter?
d) No que gostaria de acreditar sobre si mesmo?
e) Quem você quer ser?

2) Avalie seu EU Real

a) O que você faz atualmente como supervisor?
b) No que você é bom?
c) Quais são as suas competências, qualidades e talentos?
d) No que você acredita sobre si?
e) Quem é você?

3) Planeje sua mudança

a) O que é preciso desenvolver para atingir seu eu ideal?

b) O que você precisa mudar adquirir ou aprender para atingir seu eu ideal?

4) Pratique os novos comportamentos

a) Que oportunidades você tem para testar e praticar os novos conhecimentos?

b) Que experiências podem ajudar a obter a mudança e os resultados desejados?

5) Use um relacionamento de apoio

a) Quem pode ajudá-lo nisso?

b) Que tipo de recurso de apoio você poderá utilizar?

Há algum problema? Onde ele está?

Identificar onde está o problema, para você, e não para os outros, é essencial para que encontre as melhores soluções e respostas, inclusive para transições profissionais.

Coloque todas as suas angústias, receios numa folha e as possíveis soluções também, pois tudo contribuirá para sua análise e reflexões, por exemplo:

QUEIXA	SOLUÇÃO
Não estou sendo reconhecido	O que estou deixando de fazer para ser reconhecido?
Não recebo uma promoção	Possuo todos os recursos necessários para concorrer a esta promoção?
Estou com dificuldades de recolocar-me	Minhas ações têm sido o suficiente, como ter um bom networking, um bom currículo...?
Percebo uma desmotivação e indisposição	O que devo começar a fazer, agora, para que eu me sinta automotivado e com mais energia?
Sua vez...	Sua vez...

Desbravando novos caminhos

É preciso reconhecer que não é porque os nossos olhos não podem alcançar que não exista algo além da nossa verdade. Só assim despertaremos dentro de nós a vontade de desbravar novos caminhos e ir muito mais além do que um dia pensamos ser possível.

Todas as pessoas possuem potencial para realizar muito mais do que realmente fazem em suas vidas, mas a grande maioria conhece muito pouco ou nada deste potencial pessoal.

De um modo geral, em nenhum lugar tradicional da nossa formação aprendemos a sonhar e extrapolar nossas fronteiras. Diferente disso, somos educados com padrões de certo e errado, bom e ruim, funciona e não funciona.

O que acontece é que nos tornamos prisioneiros de nós mesmos. A maioria dos problemas seria solucionada se você experimentasse uma opção nova. Mas nada irá acontecer fora se antes não mudar dentro de você.

Por isso, tanto a Orientação Vocacional como o processo de Coaching são recursos de autoconhecimento poderosos. Proporcionam um entendimento que começa em você, de reconhecer que algo precisa mudar, e então você estará pronto para começar a criar o futuro que sempre sonhou, sem as barreiras do possível e impossível.

Este, como todo trabalho, não é fácil, porém é simples, porque tudo o que você precisa para dar certo está dentro de você.

Então, preparado para desbravar um mundo até então desconhecido de sucesso e realização profissional?

Separe um tempo para você, isso pode ser logo após esta leitura, ou mesmo junto. Pegue papel e caneta para que possamos projetar o seu futuro profissional.

◆ Faça uma lista de tudo que não quer mais; se você estiver neste padrão negativo será fácil e rápido.

◆ Depois, é só refazer a lista pensando no ideal positivo para cada ponto negativo e imaginar esta questão resolvida!

◆ De preferência, rasgue ou queime a lista negativa e leia a positiva todos os dias.

Simples, não? Porém nem sempre, muitas pessoas têm dificuldades em desapegar-se de sentimentos, e não somente quanto às questões materiais.

Como se sente? O que você pode fazer agora com o que ficou?

Redirecionando...

Nunca é tarde para pensar num redirecionamento. Imagine-se livre de qualquer restrição ou limitação.

Você pode olhar para dentro e verificar o que você realmente gosta de fazer. O que você faria ou continuaria fazendo independentemente do retorno financeiro?

Pode também perceber como a sua trajetória de vida te fez aprender. Momentos de dificuldade invariavelmente trazem também oportunidades de crescimento pessoal e de fortalecimento emocional.

Do que você viveu, tem algo que pode ensinar aos outros? Ter passado por determinadas vivências te autoriza a falar disso, aconselhar, estar junto, acompanhar pessoas que passam por situações parecidas.

Como disse Stephen Covey, "quando estiver tentando galgar a escada do sucesso, certifique-se de que ela está encostada no edifício certo".

O que tem do outro lado da ponte?

Imagine você: uma ponte que precisará atravessar, e não há outro caminho a não ser por ela. Contudo, esta ponte demonstra estar com problemas para transitar sobre ela, seja a pé ou por qualquer tipo de veículo, pois está com pinturas antigas, material degradado, piso esburacado e precisando de alguns reparos até mesmo para apoiar-se.

Então você começa a pensar e olhar em volta o que tem que possa ajudar nessa travessia, inevitavelmente é imprescindível que você atravesse para realizar o que tanto precisa, você não quer voltar.

Olha para um lado, olha para outro, então passa a utilizar seus recursos (internos e externos) mesmo não percebendo que os esteja usando: percepção, pensamento, sentimento, ações, habilidades, capacidades, experiências, entre outros, e FOCO, afinal você precisa e quer estar lá do outro lado da ponte.

Coloque-se então neste cenário:

O lado de cá da ponte é o SEU estado atual "Almejando", do outro lado da ponte é o SEU estado desejado "Consolidação Profissional".

Para você atravessar essa ponte é necessário desenvolver seu planejamento e ações significativas para então chegar ao outro lado.

Abaixo, alguns recursos que lhe ajudarão a atravessar essa ponte e estar mais perto do seu Estado Desejado.

Lembre-se:

"Antes da batalha, o planejamento é tudo. Assim que começa o tiroteio, planos são inúteis." (Dwigth Eisenhower)

SUGESTÃO DE PLANO DE AÇÃO para a sua carreira

Descreva ações que sejam: claras, específicas, tangíveis, atingíveis, relevantes e temporais, com prazo para iniciar e serem atingidos:

Ação	Iniciar em	Atingir em
Identificar qual trabalho faz sentido eu realizar	01/02/2016	15/02/2016
Pesquisar e definir qual curso devo realizar para o aprimoramento dos meus conhecimentos e alavancar a carreira	01/02/2016	28/02/2016
Matricular-me e iniciar o curso, onde posteriormente colocarei em prática todo o conhecimento adquirido	01/03/2016	22/12/2016
Sua vez, e o que mais???		

"Não deixe a vida passar em branco, FAÇA ACONTECER! A deficiência não está no exterior, está dentro de nós; não deixe suas crenças limitantes te fazerem inválido." (Nick Vujicik)

Escrevendo para a melhor pessoa que já conheci

Em tempos de tecnologia, raramente as pessoas escrevem cartas, não é mesmo? Te desafio, neste momento, a ESCREVER uma carta a si mesmo, sim, isso mesmo que você leu. Pegue papel e caneta.

Escreva uma carta para a melhor pessoa existente dentro de você, não se preocupe com a letra (digitar seria mais fácil), eis o desafio, caso contrário, não teria graça em você colocar toda emoção de seus pensamentos e energia ao escrever para si mesmo.

Imagine-se num futuro de curto (três anos), médio (cinco anos) e longo (dez anos) prazos. Escreva esta carta como se você estivesse três, cinco e dez anos à frente do seu presente. O que você gostaria de dizer a si mesmo de hoje para o seu EU do Futuro?

Lembre-se da sua Missão!

Após escrever, dobre a carta, coloque num envelope, com destinatário e remetente (lembra-se disso?). No envelope devem constar os dados de quem está enviando e de quem vai receber (nome, endereço, bairro, cidade, CEP). Cole!!!

Você tem algumas alternativas.

1. Deixe com alguém de sua confiança, para no final deste ano (2016) colocar no Correio para você, sim, no Correio (claro, se mudar de endereço, lembre-se de mudar os dados no envelope), e a pessoa não precisa te avisar que te enviou.

2. Em último caso, se não tiver ninguém com quem possa deixar o envelope, deixe no meio do livro que você mais gosta (ou DVD) que você com frequência possa ver, e SOMENTE, somente no final de 2016 você abra e leia.

Você sentirá o impacto de quando receber, e, se quiser compartilhar comigo posteriormente, fique à vontade, ficarei feliz e honrada de saber do resultado.

Ah, sim, não tinha como não compartilhar esta também. Antes de começar a escrever a sua carta, acesse o link: https://www.youtube.com/watch?v=ah1z3HiA_j0 sobre a carta que escreveu Dan Stulbach para si mesmo.

"Uma vida boa é aquela que se caracteriza por uma absorção completa naquilo que fazemos." (Jeanne Nakamura & Mihaly Csikszentmihalyi)

Eu, apesar de qualquer problema ou circunstância, sou IMENSAMENTE Grata a Você que acaba de ler este conteúdo.

Eu acredito no meu poder que neste momento saúda o seu poder!

Eu sou merecedora das minhas realizações, assim como você é merecedor(a) das suas realizações!

Eu, todos os dias, promovo os meus melhores sorrisos e desejo que você também o faça.

Eu vivo o meu futuro, no meu aqui e agora, e desejo que você também o viva.

Orientação Vocacional & Coaching de Carreira

Christiane Sarate Siqueira

5

Assumindo riscos e desenvolvendo competências

Christiane Sarate Siqueira

christianesarate@hotmail.com
Lattes: http://lattes.cnpq.br/8129824334815723

Bacharel em Administração com ênfase em Comércio Exterior pela Universidade Católica Dom Bosco, especialista em Metodologia e Gestão para Educação a Distância pela Universidade Anhanguera Uniderp e mestranda em Educação pela Universidade Católica de Petrópolis – RJ. Atualmente é professora universitária e atuou como coordenadora acadêmica e de supervisão empresarial.

A capacidade de escolher uma profissão e tornar-se realizado nela é para poucos, mas todos têm a oportunidade de construir o caminho e ter uma carreira de sucesso, acontece que somente algumas pessoas conseguem criar as oportunidades corretas e visualizar a oportunidade de ser feliz, para isso é necessário que você se conheça e se entenda. Procure responder a seguinte pergunta:

O que te faz feliz profissionalmente?

Atuando na área da administração como professora nos últimos dez anos, venho acompanhando o crescimento profissional de meus alunos e vejo a grande preocupação em arrecadar recursos financeiros e, em segundo plano, quase sempre esquecida, a busca em ser feliz na profissão escolhida.

Muitas vezes o indivíduo chega a uma universidade em busca de uma formação acadêmica, em conquistar o tão sonhado título de bacharel ou licenciado, mas é preciso saber que decisões tão importantes como essas devem ser tomadas com serenidade, pois a realização de um sonho, se não for bem escolhido, torna-se algo não prazeroso e desgastante. É necessário identificar características pessoais e enfrentar seus sonhos, medos e desejos, a escolha da profissão deve ser algo agradável e que traga felicidade. Porém, a busca desenfreada pelo recurso financeiro e em oportunizar estabilidade para a família torna-se mais importante do que acordar em uma segunda-feira de rush e ir trabalhar feliz. Observo ainda que muitos acadêmicos iniciam uma graduação superior e trocam várias vezes de curso, e muitas vezes não terminam nenhuma de suas escolhas. Se você se reconhece nesta descrição, acalme-se, você não está sozinho.

Cada pessoa traz dentro de si o que é de fato, seus sonhos, desejos, o que sente e como reage aos sucessos e fracassos. Acontece que muitas vezes a falta de controle emocional e por não se conhecer profundamente faz com que seus planos não saiam como o planejado.

Veja bem, se você quer ter algo de muito valor, tem que se dedicar e dar foco.

Quem falou que realizar seus sonhos seria fácil?

A confiança pessoal, o poder em controlar sua motivação e desenvolver habilidades interpessoais faz de você um profissional de sucesso.

Mas, afinal, que habilidades seriam essas?

1. Estabeleça uma relação de confiança com você mesmo.
2. Saiba reconhecer suas habilidades técnicas e comportamentais.
3. Saiba reconhecer seus limites.
4. Aprenda a ouvir suas necessidades.
5. Saiba se colocar em primeiro lugar.

Fonte: a autora.

Necessitamos saber o que estamos fazendo e ter controle de nossas escolhas, afinal, essas escolhas devem nos fazer felizes em curto, médio e longo prazos. Se você não está feliz, sinto lhe dizer, mas você está fazendo algo errado. Não basta dizer que está meio feliz, se eu te perguntar em uma escala de zero a dez, qual seria a nota para sua realização profissional?

Caso sua resposta seja menor que nove, vou te dizer que não é o suficiente. Mas é claro que não é fácil, temos ideia que para sermos felizes temos de ter 100% das coisas e pessoas que desejamos, mas isso requer investimento tanto de tempo como de recursos financeiros. Hoje você poderia pensar em um sonho que considere impossível de ser realizado, mas eu te digo que esse sonho, mesmo impossível, uma vez realizado, você automaticamente já pensaria em outro sonho, e logo depois em outro e outro.

Somos seres em constante busca, e essa busca parece uma espiral em movimento, nunca para.

Crie um estilo e estabeleça uma meta e não perca o foco. É difícil entender a complexidade da personalidade humana, especialmente quando se fala em realização pessoal e profissional. Você pode ser o executivo de maior sucesso em seu segmento, ou estar a caminho disto, mas se não aprender a se conhecer e conhecer suas principais necessidades não conseguirá ser pleno e realizado.

Quando o profissional busca fazer um curso de nível superior e ao terminar a graduação não sabe escolher qual especialização fazer, temos aí um grande fator a solucionar, pois a especialização seria a área em que o indivíduo tem maior afinidade na sua área de formação. Assim, se você se vê indeciso nesta escolha, perceba que faltou esta afinidade, para isto é necessário identificar dentro da sua área o que você gosta de fazer e comece a se conhecer melhor.

Como se conhecer melhor?

Responda as seguintes perguntas:

1. Quais são suas principais qualidades profissionais?
2. Você está realizado executando esta função com motivação?
3. Quais são seus principais sonhos profissionais?
4. Você é uma pessoa motivada?
5. Como faço para realizar os sonhos? (Sonhos tangíveis)

Fonte: a autora.

Comece a pensar em como estruturar seu tempo, como criar e desenvolver um plano de vida sólido e gratificante. Busque estar com pessoas que sonhem os mesmos sonhos que você. Lembre-se de que, se você não se conhece, não espere conhecer seus sonhos. Todo tempo é tempo de recomeços. Pare de pensar e se colocar limites que só você vê, pessoas automotivadas têm maior poder de realização, sempre há tempo para começar um novo curso superior, fazer uma especialização, mudar de área, conhecer novos rumos e traçar novos objetivos.

Claro que é necessário ter bom senso, mas nunca perder oportunidades de ser feliz. A melhor pessoa para falar que carreira você deve seguir é você mesmo. Não adianta fazer Medicina porque sua família toda é de médicos e você não suporta ver sangue, assim como não adianta fazer um curso de Artes se não tem aptidão para desenhar e se expressar. Temos de ser racionais, é necessário buscar realizar seus sonhos através de suas habilidades pessoais.

Busque sonhos tangíveis

Para a realização profissional acontecer é muito importante saber o que se quer e ter consciência do que terá de fazer para que seu sonho possa ser realizado. Ouço meus acadêmicos argumentarem muitas vezes que a remuneração financeira não é a sonhada, mas então faço eventuais questionamentos como "o que você faz para ter um resultado maior para a empresa em que trabalha? Você tem know how suficiente para executar atividades de maior complexidade? Está disposto a assumir maiores responsabilidades e dedicar mais tempo a sua empresa?

Na maioria das vezes a resposta é negativa, e com isso é possível perceber que resultados financeiros são necessários, mas eles vêm sempre com dedicação, esforço e boas ideias. Pare de se vitimizar. Torne-se responsável por suas escolhas e cresça com isso. Pessoas que se vitimizam sempre colocam a culpa em outras pessoas, tendem a não assumir riscos e responsabilidades, procuram o meio mais fácil, que na maioria das vezes não é o correto.

Para de tentar agradar e realizar sonhos que não são seus. Você deve estar se perguntando: "Mas como eu faço para escolher a carreira ideal?" Eu te respondo: parando de ter medo.

O medo é bom, quando dosado, mas não ter medo de ser feliz, isto é crucial para ter sucesso em toda sua vida. Saia da zona de conforto que você mesmo criou e acaba dando mil razões para justificar o sonho que não consegue realizar. Os planos de vida decorrem de programações reais de seus posicionamentos de vida.

Observe a figura:

Sua zona de conforto

Você

Fonte: a autora.

Posicionamentos de vida

O que eu quero ➡ O que eu não quero

Quando você se conhece e reconhece suas habilidades, é mais fácil potencializar aquilo que tem de melhor e saber onde precisa se desenvolver. Parece simples e realmente é.

Criar oportunidades para sua vida, projetar seus sonhos e ser feliz na carreira que você escolheu: tudo isso faz você ter um diferencial de mercado.

O sucesso financeiro é consequência de uma carreira de sucesso. Aprenda a reconhecer seus limites e valorizar suas qualidades.

Liste:

1. Liste as coisas em que você é bom e faz com excelência.
2. Liste coisas em que ainda não é tão bom e precisa desenvolver habilidades.
3. Liste habilidades que têm consciência que deve desenvolver.
4. Liste hábitos que pode melhorar para torná-lo mais eficaz.

Reflita sobre suas respostas e encontre soluções possíveis para seus cases.

Encontrar sua vocação não é tão difícil assim, procure conversar com profissionais que possam te ajudar nesta busca e nunca permita que alguém grite ou fale que você não é capaz.

Todos nós temos habilidades para algo, cabe a você identificar e conhecer pontualmente as suas, não pense que não tem competência suficiente para assumir funções com que sonha. Sim, você tem, e se não tem poderá desenvolver. Todo indivíduo pode desenvolver competências.

A única pessoa que define sua capacidade é você. Criamos naturalmente uma zona de conforto, então não deixe que isso possa interferir nas suas realizações. Se você tem dificuldade para definir metas, procure escrevê-las, não apenas mentalizar seus desejos. Sim, pegue um papel e escreva seus objetivos, quanto mais pontual for, mais claro será para você visualizar como poderá realizá-lo.

Coisas grandes acontecem para quem pensa grande. Você também pode realizar uma prática diária motivacional.

Escreva motivos que te levaram a escolher essa profissão. Se houver bons motivos invista, mas se você perceber que é doloroso achar motivos para atuar nesta área comece a perceber que é hora de mudar, de fazer e construir algo que realmente combine com sua personalidade e modo de vida.

Mudar é bom, quem falou que mudar é ruim? Não, não é. Pessoas têm medo de mudança, pois preferem estar na sua zona de conforto e, como já foi dito, zona de conforto não faz nenhum indivíduo feliz. Nascemos para estar em movimento, realizando e construindo coisas novas. Uma condição igualmente importante a enfrentar o medo é criar oportunidades de solucionar conflitos internos. Quando você sabe quais são seus medos e inseguranças fica mais fácil resolvê-los.

Mude quantas vezes for necessário e te fizer feliz, e quando estiver realizado compartilhe sua trajetória para que mais pessoas possam se motivar com sua história e seu sucesso, pois, quando falamos de carreira e orientação vocacional, dividir é somar.

Orientação Vocacional & Coaching de Carreira

Fátima Mangueira

6

Planejando sua carreira com assertividade

Fátima Mangueira

(21) 9-9628-6740/2568-2270
fatimamangueira@gmail.com / fatimamangueira@mira-rh.com.br

Graduada em Psicologia e pós-graduada em Gestão de Pessoas pela FGV, docência do Ensino Superior pela UCM, com formação em Coaching pelo INAP, com certificação internacional. Possui relevante experiência em implantação e gestão de políticas e processos de Recursos Humanos em empresas de diversos segmentos. Atuando com gestão dos processos e práticas de RH com vasta experiência em Treinamento e Desenvolvimento Organizacional com foco Comportamental e programas corporativos de gestão. Implantação de processos de RH, desenvolvimento de gerentes com foco em Coaching, desenvolvimento de projetos ligados à Gestão de Pessoas, Orientação Vocacional e de Carreira.

> "As pessoas não sabem o que querem, até mostrarmos a elas."
> Steve Jobs

Introdução

No mundo de hoje, em um contexto de economia globalizada, o profissional de qualquer área se vê diante de um amplo mercado de trabalho, com diferentes campos de atuação. As profissões vivem um momento de crescimento. Onde há uma empresa, seja ela de pequeno, médio ou grande porte, existe a figura do profissional, ou do profissional na profissão de sua escolha.

Entretanto, mais importante que ter opções é descobrir qual profissão vai deixá-lo feliz e proporcionar sucesso profissional, com reconhecimento e realizações.

As oportunidades são numerosas em quase todos os segmentos, e o mercado de trabalho está cada vez mais competitivo. Para enfrentá-lo, o profissional deve se preparar e se atualizar constantemente, por meio da realização de cursos de idiomas, workshops e especializações. Assim, será possível traçar uma estratégia de maior valorização na função escolhida, para se tornar um profissional gabaritado e com futuro promissor, aliando experiência e estabilidade.

Logo, a gestão da profissão é um processo pelo qual a pessoa desenvolve, executa e monitora metas e estratégias de carreira, tendo como base informações coletadas sobre si e sobre o universo do trabalho. São detalhadas as características da personalidade, interesses e aptidões, bem como as suas possibilidades de atuação, de maneira a garantir uma escolha mais assertiva e que traga sucesso, realização e bem-estar.

> "Seu trabalho vai preencher uma parte grande da sua vida, e a única maneira de ficar realmente satisfeito é fazer o que você acredita ser um ótimo trabalho. E a única maneira de fazer um excelente trabalho é amar o que você faz."
> Steve Jobs

Como escolher a carreira correta

Existem atualmente, no Brasil, 2.619 profissões registradas na Classificação Brasileira de Ocupações (CBO). Os especialistas são unânimes em afirmar: "A escolha de qual profissão seguir deve ser feita a partir da autorreflexão".

E de que maneira é possível escolher a profissão certa?

Inicialmente, sugiro que primeiro se faça uma pesquisa sobre a descrição de cada uma das carreiras para, em seguida, descartar aquelas que estão bem longe de seus interesses.

O segundo passo é avaliar sua história pessoal, seus valores, interesses pessoais e suas preferências, visando saber quais são as áreas que mais despertam a sua atenção ou com as quais se tem mais facilidade. O **autoconhecimento**, sem dúvida, é determinante para a escolha da profissão, pois é o meio pelo qual é possível descobrir quais são as reais habilidades, competências, interesses, além de revelar aspectos reais da personalidade, e por fim, a carreira mais interessante a se seguir.

Busque, então, se informar sobre cada uma das profissões destacadas e seus mercados, suas rotinas, se financeiramente possuem boas perspectivas para, desta forma, se preparar, se qualificar e competir com sucesso no campo desejado.

Usar técnicas para melhor identificar uma possível carreira a seguir, como Teste Vocacional, pode ser uma boa opção, aliado a ferramentas de Coach, para apresentar mais clareza e certeza na sua escolha profissional.

O **Teste Vocacional** ou **Profissional**, aplicado principalmente por psicólogos, ainda é uma ferramenta forte e decisiva para escolher, com clareza, uma profissão. Usa-se como ferramenta de Coaching para melhor selecionar uma opção, por meio do desenho de metas para se chegar à seleção de sua carreira e ao sucesso.

O primeiro passo, antes de tudo, é conhecer a si mesmo. Saber quais são os pontos fortes e fracos, as habilidades, e quais são as pretensões e os desejos para o futuro. É indispensável descobrir aptidões, talentos e gostos pessoais, que definirão as bases da trajetória no trabalho.

Já no Coach, uma nova forma de orientação profissional, são estabelecidas as metas de onde se quer chegar, usando-se principalmente a assertividade. Neste trabalho, os Coaches realizam numerosas atividades individuais, que apontarão quais os melhores caminhos a se seguir.

O trabalho do Coach permite ao jovem pensar de modo mais abrangente na vida profissional. É realizado semanalmente, em grupo ou individualmente, por meio de conversas orientadas por perguntas específicas, que irão auxiliar, com base nas respostas dadas, no processo de descoberta e reflexões. Ao final, é colocado no papel o que foi importante para ele no encontro, além de serem definidas metas que o auxiliarão a chegar aonde deseja.

Já há algum tempo dissemina-se a ideia de que a vocação profissional está precisamente ligada ao desenvolvimento de carreiras de sucesso, e que aquela é descoberta por meio da revelação das habilidades, perspectiva de futuro e capacidades. Esta motivação é propiciada por meio da realidade profissional balizada, ponto-chave para a criação de uma carreira próspera.

Percebemos que muitas pessoas ainda se perguntam: o que leva uma pessoa a mudar de profissão?

Tem um dia na sua vida que você acorda e não quer ir trabalhar. Às vezes, esse dia passa a ser duas vezes por semana, ou três, ou mais. Neste momento você deve ser questionar se você realmente gosta do que faz!

A hora certa de mudar de emprego depende da necessidade e da oportunidade que surge na vida de uma pessoa. É de fundamental importância que se avalie se essa oportunidade é compatível com o projeto de vida já traçado.

A mudança, de maneira geral, causa medo, insegurança, e pode confundir a mente. É necessário estar munido de muita coragem e decisão para abandonar uma carreira de sucesso, um emprego, um salário, uma vida social, abrir mão de um diploma e correr atrás de um sonho, que quase sempre fica em segundo plano.

Deve-se buscar garantir, na medida do possível, se a nova profissão/cargo, de fato, está alinhada ao seu perfil e tem sentido pra você.

"Às vezes, as pessoas criam ilusões que não têm a ver com o perfil delas, e perceber isso é sinal de maturidade."

Teste vocacional = Profissional é boa opção?

Há alguns anos, o teste vocacional, aquele com várias perguntas objetivas que apontam as possíveis áreas de atuação, era utilizado com frequência, principalmente nas escolas. Isto, pois sempre se considerou indispensável que o adolescente conseguisse identificar suas aptidões, habilidades e gostos pessoais, para posteriormente definir os caminhos a serem trilhados.

Como dito anteriormente, a orientação vocacional ou profissional pode ser feita por psicólogos e também por meio do método do Coaching.

Qual a sua importância?

Atualmente, o mercado de trabalho apresenta-se mais complexo, com enorme diversidade de cursos e profissões.

Neste contexto, o teste vocacional ou profissional contribui para identificar suas competências e habilidades, para que o candidato possa se alinhar melhor à profissão de sua escolha.

Que carreira seguir?

É aquela que apresenta um modelo mais adequado ao seu estilo de vida pessoal e às suas preferências, habilidades e competências.

Posso dizer que, para fazer a melhor escolha, deve-se possuir Autoconhecimento, pois é por onde se descobrem quais são os reais talentos, interesses, aptidões, e, por conseqüência, quais são as possíveis áreas de atuação em que há maiores chances de ser bem-sucedido.

Em dezembro, as faculdades realizam suas provas vestibulares e muitos adolescentes ficam sem saber que carreira seguir. Qual a importância do teste vocacional?

Para se ter uma ideia, existem muitas opções de testes que acabam gerando uma maior dificuldade para os jovens. Diversos são online, e nem sempre apresentam bons resultados. Por isso, é importante procurar fazer um teste vocacional com um profissional da área, preferencialmente um psicólogo, ou fazer Coach Vocacional. O trabalho do Coach apresenta instrumentos para que o aspirante pense de modo mais abrangente em sua vida profissional. Desta forma, pode-se dizer que a fidelidade dos resultados torna o processo mais eficaz.

O mais importante nesta trajetória é identificar e descobrir quais são os seus talentos e qual é a carreira dos seus sonhos, e que esta também esteja alinhada à sua realização pessoal e profissional.

Como o Coaching pode ajudar na orientação vocacional?

O **Coach** de carreira tem o papel de auxiliar o **coachee** que inicia um processo de busca da sua profissão, sistematizando as ideias que se têm em mente, os objetivos e preferências profissionais. Em cada sessão, recebe-se um plano de metas, as quais deverão ser cumpridas, passo a passo. A partir daí, analisa-se quanto do objetivo do profissional foi atingido, de forma que, ao término, é possível que se realize, com clareza, uma boa escolha.

Geralmente, este processo é dividido em etapas, buscando ampliar habilidades comportamentais e técnicas para atingir o resultado tão esperado, de forma assertiva e coerente com as ideias do coachee.

Importante é buscar o mais cedo possível o caminho certo. Assim, menores serão as frustrações. O Coaching profissional pode ajudar significativamente neste processo de identificação e desenvolvimentos de talentos e potencialidades, para que seja possível aproveitá-los de forma adequada e receber o retorno almejado. O Coaching de carreira vai instruir sobre a profissão, bem como a forma de se enfrentar os desafios de uma carreira.

Coaching de carreira é uma das profissões que mais crescem no mundo. Ele potencializa o autodesenvolvimento e o autoconhecimento, e por meio deles será possível encontrar a verdadeira vocação profissional.

Desta forma, a orientação vocacional por meio do Coaching de carreira envolverá o diálogo, com o objetivo de encontrar mais satisfação na jornada profissional, assim como na vida pessoal, pois ambas caminham juntas.

Este resultado é obtido por meio de procedimentos específicos e acompanhamento por meio de sessões, para que o coachee atinja suas metas e promova os resultados na área profissional. Assim, o Coaching de carreira propicia um melhor entendimento sobre os anseios pessoais, fazendo com que seja identificado, de forma assertiva, o que o torna uma pessoa mais realizada e feliz, o que facilitará na identificação da carreira e ampliará as realizações profissionais e pessoais.

Para se seguir uma carreira e alcançar o sucesso, torna-se importante fazer uma retrospectiva. E a principal dica para se realizar um planejamento contínuo de carreira é ter sempre em mente algumas missões fundamentais: fazer o balanço dos 365 dias que se passaram e estabelecer metas para os que virão para, em seguida, criar um planejamento de metas de longo prazo factíveis de serem alcançadas.

É preciso realizar um apanhado de todas as experiências vividas, principalmente do que deu certo e do que ficou no meio do caminho, e trabalhar os próximos objetivos de maneira sistematizada e que vá ao encontro de suas metas.

Ressalto alguns pontos para alcançar resultados positivos nesta avaliação:

1º. Pensar em tudo aquilo que eu quero, já tenho e que vou manter;

2º. Avaliar o que não quero mais e o que devo eliminar;

3º. O que eu quero e o que tenho de ir buscar;

4º. Identificar as principais metas que preciso atingir;

5º. Colocar em prática as minhas escolhas.

Este balanço na vida profissional é vital para se construir sucesso ao longo da carreira. É organizar cada passo, destacando a importância de avaliar e obter o crescimento pessoal dentro ou fora de uma organização. Esta é a principal atitude para começar a planejar este crescimento.

No que este planejamento contribuirá para o sucesso profissional?

É importante estabelecer metas, mesmo que sejam de longo prazo, mas não deixe de considerar outras etapas a serem vencidas e que devem ser propriamente analisadas.

Somente com base nas ponderações haverá condições de classificar a situação e fazer o planejamento continuamente de forma eficaz. O profissional deve encarar o planejamento estratégico em benefício próprio. E qualquer época será a ideal para repensar e renovar. Importante é arriscar e ousar, para poder acertar. Como diz a frase "antes tarde do nunca", que sempre vai estar em voga.

Não planejar também é um erro?

Se perceber que determinado comportamento não deu o resultado desejado, atue para mudá-lo. O comportamento de hoje determina a forma como se vai estar no futuro. Por isso, todos devem analisar o que foi feito e deu certo, o que foi feito e pode ser melhorado, e o que não deve ser repetido.

"No mundo, sempre existirão pessoas que vão te amar pelo que você é..., e outras..., que vão te odiar pelo mesmo motivo..., acostume-se a isso..., com muita paz de espírito..."

Importante é avaliar se você está ou não feliz na profissão em que atua. Caso não esteja, então arrisque para mudar. Como diz a célebre frase: "A maioria das decisões é perdida porque elas não são agradáveis, populares, nem fáceis. Não existe razão inerente porque sejam desagradáveis as decisões, mas o fato é que as mais eficazes o são. Só porque uma decisão é difícil, desagradável ou assustadora não há razão para que não seja feita, se for certa." (Peter Drucker)

Desejo que sua trajetória profissional seja de muito sucesso e realizações, boa sorte!

REFERÊNCIAS BIBLIOGRÁFICAS
Pesquisas realizadas através de sites: Orientação Vocacional – Guia do estudante/guia de carreira/Sbcoaching.
Livro: Gestão de carreiras era do conhecimento – Martins, Helio Tadeu.
Frases: Jobs, Steve.
Frase: Peter Drucker.
Blog - Postado por crisarcangeli
Outros, extraídos de textos escritos para Jornal do Comércio e demais veículos. Por Fátima Mangueira.

Orientação Vocacional & Coaching de Carreira

Geize Lima

Reinvente sua carreira com o Canvas

7

Geize Lima

geize@geizelima.com / www.geizelima.com.br

Psicóloga, Coach de Empreendedores Iniciantes e Palestrante.
Especialista em Gestão de Pessoas e Doenças Psicossomáticas. Psicóloga Perita do Detran RJ. Membro da Sociedade Brasileira de Coaching, com formação em Personal & Professional Coaching. Master Coach de Carreira, pelo IMS Coaching de Carreira. Executive Coach Expert, pelo Coaching Club. Criadora do Transforme Sua Vida e da Jornada do Crescimento, programas de desenvolvimento profissional e empreendedorismo. Possui dez anos de experiência em desenvolvimento humano, realizando entrevistas, processos seletivos, treinamentos, atendimentos de coaching e mentorias. Ao todo já realizou mais de oito mil atendimentos!

Penso que reinventar a carreira é um processo e cada uma das etapas deve ser muito bem trabalhada. Desta forma, nas páginas a seguir você encontrará uma poderosa ferramenta para auxiliá-lo em seu processo de reinvenção da carreira. No entanto, é importante que você faça os exercícios e reflexões propostos até chegar à ferramenta Canvas. Caso contrário, não estará pronto para recebê-la em sua vida.

A falta de clareza sobre os sonhos, desejos e sobre a própria vida é um mal recorrente. As pessoas não sabem para onde ir porque desconhecem as possibilidades e desconhecem a si mesmas, não sabem o que fazer para encontrar felicidade e realização.

A visão de mundo negativa, quase que imposta pela sociedade mergulhada no mar dos pensamentos negativos, pode ser um problema para quem deseja reinventar sua carreira. É necessário então estar presente para isso, ter consciência de que o mapa usado para enxergar o mundo está poluído, contaminado e precisa ser trocado por um mapa positivo. A autorresponsabilização e mudança de mindset são pontos-chave para um processo de desenvolvimento de carreira bem-sucedido.

Após iniciar o trabalho de mudança de mindset, já é possível pensar na construção do seu modelo de negócios pessoal, o seu Canvas. E trabalhar nele para encontrar sua forma de entregar valor através das atividades-chave, outro ponto crucial para ter sucesso em seu processo de reinvenção de carreira.

Após muitas reflexões e repetições, seu Canvas ficará pronto. Então vai precisar analisar se seu quadro reflete exatamente aquilo que você é e pretende. Ou seja, analisar se seu modelo de negócios está alinhado ao seu propósito de vida.

Se estiver, é só seguir em frente e agir, seguindo seu modelo de negócios. Se não estiver, vai precisar trabalhar para fazer este alinhamento. Afinal, ter um modelo de negócios pessoal desalinhado ao seu propósito de vida não faz o mínimo sentido, não te leva a lugar algum. Ao contrário, faz aumentar a insatisfação e o desconforto com a atual situação.

Descobrir o propósito de vida não é uma tarefa fácil. É necessário ter autoconhecimento. É importante ter consciência de que propósito e autoconhecimento estão o tempo todo em construção e evolução. Caso você ainda não tenha sua declaração de propósito, aqui você encontrará ajuda para fazê-la.

Coragem ou medo. O que você escolhe?

Toda vez que faço um atendimento, seja um processo seletivo, um treinamento ou um processo de Coaching, o que mais me preocupa é a falta de clareza que a maioria das pessoas apresenta no que se refere aos seus sonhos e, em específico, a sua carreira.

Percebo que este é um mal que atinge todas as classes sociais, todas as idades e ambos os sexos. Percebo, ainda, que o grau de instrução não influencia. Ou seja, não minimiza nem maximiza o problema.

Quando pergunto sobre os sonhos, as pessoas parecem ter vergonha de revelá-los a mim. Mas a vergonha não se manifesta porque o sonho é algo que a pessoa julgue impossível ou algo vergonhoso em si. Percebo a manifestação da vergonha justamente pela falta de clareza, de certeza, de coerência daquele sonho com aquela pessoa que o verbaliza.

Em geral, as pessoas dizem ter sonhos e projetos por uma questão quase política. Sabem que o "normal" é ter sonhos e por isso afirmam ter. Mas basta meia dúzia de perguntas para que tão logo a pessoa comece a responder com um ar de sorriso, me fazendo entender que não tem certeza do que diz.

Esta falta de clareza está presente na vida das pessoas por conta do pouco autoconhecimento. Falta nas pessoas um investimento maior nelas mesmas, um tempo para elas, um olhar para dentro. O mundo está exigindo tudo às pressas. Todos correm o dia inteiro para arcar com os compromissos, agendas lotadas, tudo é urgente. São compromissos de trabalho, de família, de amigos, tarefas e mais tarefas.

Este ritmo é estendido às crianças, imposto pelos pais. Que lotam as agendas dos pequenos com atividades diversas, aulas infinitas. Até porque, mantê-los ocupados alivia o lado dos pais. As crianças já vão crescendo tendo a mente poluída por esse mal e às vezes tornam-se adultos ainda piores que seus pais.

Tornam-se adultos que só têm tempo para produzir, para ganhar dinheiro, para ter salários cada vez mais altos. Adultos que não têm tempo de olhar para dentro de si, para buscar entendimentos de suas questões. Adultos que se preocupam demais com aquilo que pode ser visto ou mostrado, já que questões internas não podem ser vistas pelo outro. Não dando importância para elas. Falta-lhes coragem para buscar o autoconhecimento! É neste formato que vamos formando nosso mindset, nossa visão de mundo. Vou falar detalhadamente sobre este assunto mais à frente.

O autoconhecimento é a base para uma vida bem-sucedida. Seja qual for o passo que uma pessoa deseja dar, antes vai precisar fazer uma sondagem interna para traçar o melhor caminho. Mas, isso dá trabalho! Perceber a necessidade do autoconhecimento já não é algo muito comum de acontecer. Muito menos perceber a necessidade e fazer alguma coisa para mudar!

Isso porque esse "fazer alguma coisa para mudar" implica ter coragem! Olhar para dentro de nós mesmos nem sempre é algo muito agradável. Nós acabamos nos deparando com características das quais não gostamos, de que nos envergonhamos. Ou ainda com características das quais temos orgulho, mas por alguma questão "desconhecida" acabamos por nos acostumar a não dar ênfase àquilo que temos de bom!

Olhar para dentro é somente para os fortes. Para aqueles que entendem que a boa obra começa de dentro para fora e, se para vencer é preciso passar por etapas de sofrimento, o forte encara e segue adiante.

Você deve ter pensado agora: mas que papo é esse de sofrimento?

Sim, sofrimento! O processo de autoconhecimento implica sofrimento. Remexer em suas memórias, sentimentos, crenças e valores. Sim, isso poderá te trazer algum sofrimento. Mas no fim, ou ainda antes do fim do processo, te garanto que trará também satisfação, orgulho pessoal e contentamento!

Então, se você se encaixa no time dos corajosos, certamente vai continuar a leitura. Mas, se estiver no time daqueles que não têm clareza sobre si e tem preguiça de passar por um processo de autoconhecimento e transformação, certamente vai parar a leitura por aqui.

A ajuda para os corajosos

Para você que decidiu seguir, prepare-se: vem coisa muito boa por aí!

Existe uma infinidade de formas para te ajudar. No entanto, fiquei pensando em uma forma prática, clara e lúdica. Uma forma que não te permitisse parar no meio do caminho, mas que te encantasse e te despertasse o desejo de continuar, subindo um degrau de cada vez. Produzindo clareza em você mesmo, em seus sonhos e em sua carreira.

Imagine a cena: você tendo clareza do seu atual estado profissional. Conhecendo seu potencial, seus talentos, valores e sabendo exatamente como usá-los a seu favor. Tendo consciência daquilo que você gosta de fazer e sabendo que passos deverá dar para viver a vida que você sempre quis, tendo a carreira que você sempre sonhou.

Essa é a imagem que você vai construir a partir de agora. Mas não é somente com essa imagem do pensamento que você vai ficar. Eu vou te ajudar a construir uma imagem real, com tudo aquilo que você é! Uma imagem que verdadeiramente expresse você e aquilo que você deseja. Um quadro da sua vida, detalhadamente desenhado por você. Esse quadro é o Modelo de Negócios Pessoal, o Canvas. Uma ferramenta muito útil no Coaching e nos processos de desenvolvimento de carreira.

Alguns sentimentos predominam nas pessoas que precisam de ajuda em sua carreira: medo, dúvida, descrença... E o objetivo deste texto é despertar em você a confiança. Para que você rompa com esse padrão do medo, da competição, da correria, da insegurança e insatisfação com a carreira.

Sendo confiante, você será um vencedor e colaborador para que outros evoluam, assim como você. Você conseguirá desenvolver um novo entendimento da vida em sociedade e do papel que você tem.

Dessa forma, quando alguém perguntar pra você sobre seus sonhos, sobre sua carreira, você vai responder prontamente, confiante daquilo que diz, pois terá entendido seu papel aqui, sua forma de colaboração com o mundo e sua maneira de reinventar sua carreira e realizar seus sonhos.

Análise do mindset

Antes de montar o seu Canvas, acredito que seja fundamental uma análise do seu mindset. Caso contrário, suas respostas ao Canvas poderão estar contaminadas por uma visão de mundo cheia de interferências negativas, o que certamente vai causar uma perda no resultado que você pode alcançar usando esta poderosa ferramenta.

Mindset é o mapa que usamos para fazer a leitura dos nossos territórios. Ou seja, é a nossa visão de mundo. Este mapa nos faz direcionar nossa atenção e energia para pontos específicos, com base em nossos valores e crenças.

Por exemplo, um casal participa de um evento. Enquanto a esposa acha o evento maravilhoso, fica energizada, empolgada, superfeliz por estar lá, o marido acha o evento péssimo e não vê a hora de sair daquele lugar. Como duas pessoas podem ter leituras tão diferentes de um mesmo evento, um mesmo território?

Isto acontece por conta do mapa, que é particular, único em cada um de nós, pois ele foi construído a partir de nossas vivências. Está intimamente ligado à forma como fomos criados, às frases que ouvimos, às emoções pelas quais passamos, ao aprendizado. Ou seja, nosso mapa de visão de mundo expressa a nossa história e justamente aí que está o ponto-chave da questão.

O mapa não é o território e não ter esta compreensão é o que acaba por nos acarretar prejuízos. Ou seja, é preciso ter clareza de que a forma como enxergamos as coisas nunca está livre das interferências do nosso mapa mental. Quando temos consciência disso, passamos a refletir muito mais antes de tomar uma decisão ou concluir algo.

Para um processo de reinvenção de carreira, considero este aqui um dos conceitos mais importantes a ser compreendido e praticado. Imagine que você está totalmente envolvido em compreender melhor o seu funcionamento, em montar seu Canvas, fazer seu planejamento e ver tudo mudar. Mas sua visão de mundo não mudou, suas perguntas e respostas continuam as mesmas, seu mindset continua o mesmo. Sinto dizer, mas sua carreira também continuará a mesma!

Desenvolver um mindset positivo é uma questão de treino. Você só precisa treinar e sempre buscar uma maneira diferente e mais positiva de enxergar as coisas. Decidir fazer diferente é um grande passo.

Pense comigo, qual é a diferença entre você e a pessoa de sucesso que você mais admira? Apenas o treino! Assim como quem vai à academia fazer musculação tem músculos mais enrijecidos e trabalhados do que quem não vai. Quem treina todos os dias para ter um mindset positivo tem mais sucesso do que aquele que não treina.

Nosso mindset está em constante desenvolvimento e aprimoramento, ele se constrói a partir de nossas vivências. Ou seja, a mudança dele jamais estará pronta, terminada. É um eterno trabalho de construção e desconstrução. A sociedade quase nos impõe isso, pois vivemos em ambientes verdadeiramente mergulhados em pensamentos negativos. Acabamos poluídos, contaminados, tendo um mindset não tão positivo.

Mas podemos desenvolvê-lo e formatar uma nova realidade. Ter uma mentalidade positiva, de sucesso, muda nossa forma de enxergar o mundo. E mudar nossa forma de enxergar o mundo, enxergar possibilidades diferentes, muda nossa vida e traz muito mais motivação para entrar em ação e alcançar resultados.

Quando você tem um mindset positivo, você entende que seu sucesso depende apenas de você. Não transfere a responsabilidade da sua vida e do seu sucesso para outros, para a família, para o cônjuge, para o governo! Você se autorresponsabiliza e entende que tudo depende apenas da forma como você enxerga o mundo e o único responsável por isso é você!

Se seu mindset estiver focado em problema, você terá um padrão de vida. Se seu mindset estiver focado em solução, terá outro padrão. Pensamentos negativos são recorrentes. Toda vez que você dá espaço para eles na sua mente eles ganham mais força para se repetirem e dominam de vez sua forma de enxergar o mundo.

Uma pessoa que deseja reinventar sua carreira não deve se contentar com pouco. Deve escolher aquilo que precisa para ter uma vida mais plena e feliz e trabalhar todos os dias para que isto aconteça. Não é da noite para o dia, é preciso ter dedicação no caminho que você decidiu trilhar. Você é um ser de infinitas possibilidades, talvez só esteja mesmo te faltando treinar seu mindset para ter sua energia mental focada naquilo que te faz vencer!

Somente após iniciar seu processo de mudança de mindset você deve então começar a montar seu Canvas e praticar durante a montagem o processo de mudança de mindset. Fazendo novas perguntas, encontrando novas respostas.

Para que você possa construir seu quadro, vai precisar entender a teoria do Canvas e o funcionamento dele. Então vamos lá!

Canvas – Modelo de Negócios Pessoal

O Canvas para carreira surgiu a partir do Canvas para negócios, citado no Business Model Generation, de Alexander Osterwalder, Yves Pigneur e mais 470 cocriadores. Este se trata de um guia prático para empreendedores, inovadores e visionários que desejam ter seu modelo de negócios com foco em criar valor, substituindo modelos ultrapassados.

Ele tem como objetivo promover reflexão, projetar, implementar, inventar, inovar, transformar os antigos modelos em ideias de negócios que estejam realmente engajadas em entregar aquilo que o cliente comprou ou contratou. Não somente o serviço ou produto, mas o valor agregado a eles! Tudo isso sendo trabalhado em uma única página, dividida em nove blocos. Cada bloco atende a um processo, responsável por fazer o Canvas funcionar redondo e ao final entregar para o cliente aquilo que ele precisa: valor!

O Canvas de carreira foi desenvolvido a partir da discussão do Canvas para negócios (Business Model Generation). Os especialistas envolvidos no primeiro projeto, com a iniciativa de Tim Clark, desenvolveram um modelo de Canvas para auxiliar as pessoas a pensarem em suas vidas e encontrarem uma forma para reinventar sua carreira, citado na obra Business Model You – Modelo de Negócios Pessoal.

Assim como o Canvas para negócios, o Canvas pessoal também tem nove blocos e o objetivo também é a entrega de valor. Mas, neste caso, fala-se no valor entregue por uma única pessoa ou profissional e não por uma empresa.

O Canvas pessoal deve ser montado com base em muita reflexão, tentativas, repetições, compartilhamento. Isto porque temos a tendência de optar por atalhos mentais, que nos poupam tempo e energia. Lembra do mindset? Aqui entra seu exercício de mudança de mindset!

Preencher o Canvas com aquilo que lhe vier à cabeça não é a melhor solução, uma vez que suas respostas poderão estar contaminadas pelo padrão de resposta automática, pela sua visão de mundo, seu mindset.

Daí a importância de responder uma, duas, três vezes. Montar o primeiro Canvas, depois outro, outro e depois pedir ajuda de pessoas de sua confiança, trocar ideias, até que finalmente você consiga enxergar no seu quadro aquilo que verdadeiramente representa você e o valor que deseja entregar!

A metodologia é muito simples. Facilmente autoaplicável. No entanto, o segredo está no quão profundamente você irá refletir em cima dos questionamentos que faz a si mesmo. E, ainda, no quanto estará com o mindset trabalhado e pronto para fugir dos atalhos mentais e da procrastinação.

Tire uma cópia ampliada do Canvas para preenchê-lo ou baixe o modelo no meu site (www.geizelima.com). É importante que você tenha seu Canvas em mãos e preencha cada bloco. As imagens vão te ajudar a tornar explícitas suas suposições, o que vai te ajudar a pensar e se comunicar de forma mais efetiva.

Cada uma das perguntas a seguir está também no seu Canvas, preencha cada bloco na ordem das perguntas.

Pronto para começar?

Modelo de Negócio Pessoal

Quem ajuda você? (Parcerias)	O que você faz? (Atividades-chave)	Como você os ajuda? (Proposta de valor)	Como vocês interagem? (Relacionamento com clientes)	Quem você ajuda? (Clientes)
	Quem é você? O que você possui? (Principais recursos)		Como chegam até você e o que você entrega? (Canais)	

O que você dá? (Estrutura de custo)	O que você ganha? (Fontes de receita)

1. Quem é você e o que você possui?

Para responder a esta pergunta vai precisar refletir sobre seus recursos principais, ou seja, quem você é! Seus interesses, habilidades, competências, valores, traços de personalidade. E também aquilo que você possui, como experiência, contatos pessoais e profissionais.

Ao refletir sobre seus interesses, vai precisar lembrar-se das coisas que empolgam você, que fazem seus olhos brilharem, que te trazem satisfação. Mesmo que este interesse a princípio pareça não ter nada a ver com sua vida profissional, coloque aqui neste campo. Nossos interesses estão intimamente ligados a nossa satisfação na carreira. Pense também sobre aquelas coisas que você faz naturalmente, quase sem esforço. Liste estas coisas, pois nelas estão seus talentos e habilidades. Liste também seus aprendizados, áreas em que já teve melhora por conta da prática do estudo.

Reflita ainda sobre seus traços de personalidade e anote. Uma boa maneira de encontrar esses traços é pensar sobre o que seus familiares e amigos costumam falar sobre você: extrovertido, inteligente, esforçado, batalhador, tranquilo, calmo... O que costumam falar sobre você?

Obviamente, você não é somente interesses, habilidades e personalidade. Aos poucos, com a prática da reflexão, repetição e mudança de mindset você vai encontrando novos recursos.

Em recursos principais você deve então anotar seus recursos intangíveis, como os descritos acima. Mas também os tangíveis úteis para o seu trabalho, como carro, roupas, ferramentas e dinheiro.

2. O que você faz?

Para responder a esta pergunta você vai precisar refletir sobre suas atividades-chave. Ou seja, o que você faz exatamente. São as tarefas diárias que envolvem seu trabalho.

Aqui ainda não entra o valor agregado das atividades. Neste campo você vai listar apenas as atividades físicas ou mentais realizadas em prol dos seus clientes. Liste aqui somente as atividades verdadeiramente importantes.

Suas atividades-chave estão intimamente ligadas aos seus recursos principais. Ou seja, o que você faz naturalmente evolui de quem você é.

3. Quem você ajuda?

Já parou pra pensar nisso? Quem são seus clientes? Eles devem ser a razão pela qual seu trabalho existe. Satisfazê-los deve ser o foco de todas as suas ações. Mas como satisfazer alguém que você não conhece, não entende, não sabe a necessidade? Saber de forma exata quem são os seus clientes deve ser seu primeiro passo. Mas, quando digo exata, é exata mesmo.

Se você está inserido em uma empresa, seus clientes são as pessoas que dependem da sua ajuda para realizar uma tarefa. Isso inclui seu chefe, supervisor, diretor. Somente a partir da autorização deles você tem seu salário todo mês, portanto, eles são seus clientes.

Se você não trabalha em uma empresa, se é um profissional independente, considere sua situação profissional como sua empresa.

Quem mais depende de você ou se beneficia do seu trabalho, direta ou indiretamente? Você tem colegas que dependem do seu trabalho para executar o trabalho deles? Estamos falando aqui de clientes internos. Quais são os seus?

E os clientes que compram ou se beneficiam dos produtos ou serviços da empresa na qual você trabalha? Você também pode considerá-los seus clientes.

Por fim, clientes são aqueles que pagam para receber um benefício. Ou que recebem um benefício e são subsidiados por clientes pagantes. Liste aqui quais são os seus!

4. Como você ajuda?

Aqui está o "x" da questão. Atente-se para não fazer confusão aqui. Este campo você vai preencher com sua proposta de valor, ou seja, aquilo que você entrega junto com seu produto ou serviço. Mas que na verdade é o que o seu cliente mais aprecia, o valor. Qual é a sua proposta de valor? O que seu cliente te contratou para executar? Que benefícios seu cliente está recebendo como resultado do seu trabalho?

Este é um dos mais importantes conceitos para entender e refletir sobre sua carreira. Somente entendendo como as atividades-chave resultam na sua proposta de valor para seus clientes você consegue definir seu modelo de negócios pessoal.

5. Como chegam até você e o que você entrega?

Quais são os canais de comunicação que seu cliente tem com você? Os canais basicamente têm como função entregar valor, garantir satisfação, permitir a compra, criar consciência de produtos ou serviços.

Neste bloco você vai listar o seu processo de marketing e para isso vai precisar responder a algumas perguntas:

◆ Como os clientes descobrem você?
◆ Como eles decidem por comprar seu produto ou serviço?
◆ Como eles vão comprar?
◆ Como você vai entregar o que os clientes compraram?
◆ Como você vai garantir que seus clientes estejam satisfeitos?

Este processo pode acontecer via telefone, presencialmente, redes sociais, emails, TV, jornais ou rádio. Ele precisa estar claro pra você! Dê uma atenção especial à maneira pela qual os potenciais clientes vão conhecer sua proposta de valor.

6. Como vocês interagem?

Neste bloco você vai listar como acontece seu relacionamento com o cliente. É no face a face, por email, telefone, redes sociais? Seu trabalho está focado em manter os clientes que já tem, ou em aumentar sua base de clientes? Seus relacionamentos acontecem por transações únicas ou os serviços são constantes? Anote no seu Canvas as suas respostas.

7. Quem ajuda você?

Neste bloco você vai listar suas principais parcerias. Aqueles que te ajudam, te dão apoio para realizar seu trabalho com sucesso. Isso inclui seus motivadores, conselheiros, mentores, colegas de trabalho, amigos e familiares.

8. O que você ganha?

Este é o bloco das fontes de receita e benefícios. Você vai anotar suas fontes de salário, contratos e qualquer outro pagamento em dinheiro que você receba. Aqui também vão entrar seus benefícios, caso trabalhe em alguma empresa. Tais como plano de saúde, vale alimentação, assistência escolar, entre outros. Você poderá também listar aqui benefícios intangíveis, como reconhecimento, satisfação, realização.

9. O que você oferece?

Aqui você vai listar sua estrutura de custos. Ou seja, o que você oferece ao seu trabalho? Tempo, dinheiro e energia? Para realizar seu trabalho você precisou e/ou precisa fazer treinamentos? Ter assinatura de serviços como internet, telefone, plataformas? Viagens?

Na estrutura de custos você também pode listar insatisfação com algumas atividades e estresse.

Pronto! Se você acompanhou e listou cada bloco do seu Canvas, a esta altura você está com ele todo preenchido. Aí, deve passar pela sua cabeça a seguinte pergunta: "Mas agora, o que eu faço com isso? Qual é o próximo passo?"

A partir de agora, com seu modelo de negócios em mãos, você deve partir para um segundo nível do seu processo de reinvenção de carreira. Suas perguntas agora serão outras:

◆ Qual é o meu propósito?
◆ Qual é a minha missão?
◆O que eu desejo verdadeiramente realizar na minha passagem por aqui?
◆Meu modelo de negócios está alinhado com meu propósito?

Perceba que agora suas perguntas têm um direcionamento, um alinhamento. O seu modelo de negócios vai guiar suas ações e se ele não estiver alinhado com seu propósito você vai nadar contra a maré!

Imagine uma construção sendo feita com uma planta que não condiz com o objetivo, com o propósito daquela construção. Obviamente, ao final do processo teremos uma construção totalmente diferente daquilo que esperávamos.

O mesmo acontece com seu modelo de negócios. Sua carreira será guiada por ele e, portanto, ele precisa estar coerente com seu objetivo, com seu propósito. Por este motivo enfatizei ao longo do texto que você trabalhe suas crenças, seu mindset e refaça seu Canvas algumas vezes, até que aumente seu autoconhecimento e consiga projetar no seu quadro aquilo que verdadeiramente expresse você, seus sonhos, seu propósito.

Se você, assim como a maioria das pessoas, tem dificuldade para definir o seu propósito, segue aqui mais uma ajuda: faça sua declaração de propósito!

1) Descreva três ou quatro atividades de que você mais gosta.

2) Descreva várias pessoas com quem você gostaria de passar o seu tempo.

3) Como você ajuda as pessoas? Utilize três ou quatro verbos para descrever como você ajuda os outros.

Feito isso, estruture sua declaração de propósito nesta ordem:

Eu gostaria de ajudar (verbo) > pessoas (substantivo) > fazendo a atividade (verbo)

Exemplo:

"Eu gostaria de ajudar profissionais insatisfeitos com suas carreiras a alcançarem realização e sucesso."

Lembre-se: sua declaração de propósito tem como base seu autoconhecimento. E conhecer-se é um processo em constante evolução. Então, não se preocupe se ao longo do tempo perceber mudanças. Se essas mudanças não estiverem te paralisando, mas estiverem funcionando como alavanca para uma carreira brilhante, você estará no caminho certo!

Orientação Vocacional & Coaching de Carreira

Karina C. Alves

8

Cinco passos para despertar uma carreira de sucesso

Karina C. Alves

(19) 3384-1390 ou (19) 9.9266-1277
contato@karinaalves.com.br / www.karinaalves.com.br

Psicóloga, Coach e palestrante. Com diversas certificações e sempre se atualizando no que há de melhor em desenvolvimento humano. Além do papel profissional, é mãe, esposa, filha, amiga, aluna, sonhadora e empreendedora. Composta por várias partes que se encontram e formam uma pessoa apaixonada pelo comportamento humano, com a missão de apoiar as pessoas a se transformarem na melhor versão delas mesmas. Fundadora da empresa 'Despertar Desenvolvimento Humano', onde oferece treinamentos comportamentais para empresas e programas de Coaching de carreira.

Você sabe onde começa uma Carreira de Sucesso? A resposta é tão simples que até costumamos duvidar. Começa em nossos pensamentos. Isso mesmo. Começa com a preparação de sua mentalidade. E, antes de acionar seus 'pré-conceitos', se permita ler este capítulo e deixar sua mente aberta para os conceitos que aqui encontrará.

Já dizia Albert Einstein que "uma mente que se abre a uma nova ideia jamais voltará a seu tamanho original". Então, entre nesta leitura comigo e vamos pensar como grandes profissionais conseguiram tanto sucesso em suas vidas, não apenas no campo profissional, mas também no pessoal.

Há alguns anos sou estudiosa do comportamento humano e procuro entender o que as pessoas esperam para sua carreira, afinal, na maior parte de nosso tempo nos dedicamos ao trabalho. E, com base em muitas pesquisas, observei que a grande maioria não se sente feliz em sua profissão. Os motivos são os mais diversos.

Não gostar do que faz é um dos principais problemas da insatisfação no trabalho e, segundo estudo do Instituto de Pesquisa e Orientação da Mente (Ipom), das 1.340 pessoas entrevistadas na capital paulista, 65% não gostam do que fazem e permanecem no trabalho por medo da mudança ou por conformismo financeiro. Isso é agravado pelo fato de que 40% destes não sabem onde querem chegar na carreira e não se planejam para mudanças acontecerem, ficam presos a empregos ou profissões em que não se sentem realizados.

E você, em qual percentual se encontra? Sente-se realizado com o seu trabalho? Você faz o que gosta ou ao menos gosta do que faz? Sente-se reconhecido pelos seus superiores? Seus valores são compatíveis com os da empresa? Você acredita ser bem remunerado para a função que ocupa? Onde você se encontra hoje é realmente o que deseja para sua carreira?

Quando eu parei para analisar minha trajetória profissional e responder a estas perguntas, constatei que eu me encontrava dentro do percentual de insatisfação no trabalho. Eu amava minha profissão de psicóloga, mas não a forma na qual estava conduzindo minha jornada.

Comecei, então, a pesquisar a história de pessoas bem-sucedidas para entender como elas tinham alcançado êxito em suas vidas, e quanto mais buscava mais eu percebia que existia uma lógica comum entre eles.

Ao compreender esta lógica, despertei para um mundo incrível de possibilidades, e comecei a colocar em prática tudo o que eu estava estudando e, com isso, minha vida ganhou um novo colorido, e finalmente meus sonhos começaram a sair de minha mente para se tornarem reais.

Diante desta pesquisa, reuni cinco passos que defini como indispensáveis para despertar uma Carreira de Excelência e que foram cruciais para minha caminhada. Estes passos já foram discutidos por diversos autores, mas cada um descreve de acordo com sua linha de trabalho e como entende sua importância.

Eu chamei este método de WAKE UP, que em português significa acordar. Escolhi este nome pois foi o que aconteceu comigo. Acordei para ser quem eu desejava e ter a vida que eu sonhava. Ainda estou na caminhada, mas agora colhendo frutos doces e saborosos. Por isso, compartilho com você, leitor, para que também possa transformar sua vida.

Antes, é importante conhecer um significado adicional da palavra 'acordar', que com a separação de suas sílabas (A-cor-dar) apresenta um sentido de dar cor, tirar os sonhos do preto e branco e deixá-los coloridos, sair do estado de inércia mental e levantar da cama todos os dias com a oportunidade de fazer diferente. Então, meu convite é para que você dê cor aos seus sonhos.

Agora, pare a leitura, pegue papel e caneta e vá escrevendo as ideias e pensamentos que surgirem na sua mente e com isso esboçando seus sonhos.

A primeira coisa que deve saber é que não existe uma fórmula mágica para chegar ao sucesso. Os passos aqui apresentados irão apoiar você na conquista de seus desejos.

Então, vamos lá!

Primeiro passo – Mentalidade de Vencedor

O primeiro passo está relacionado com nossos pensamentos. Realizar grandes sonhos ou ficar patinando sem sair do lugar depende muito de como alimentamos nossa mente. Precisamos ter um mindset vencedor. Mas, o que isso significa?

A terminologia mindset foi adotada pelos americanos para representar a forma como você percebe o mundo, como você vê, compreende e julga as coisas ao seu redor. É definido pela existência de um modelo mental predominante. E este é o principal responsável por você ter sucesso ou fracasso. De nada adianta seguir os próximos passos, se você não mudar sua mentalidade.

Ter um mindset vencedor é acreditar que o homem pode criar tudo o que possa imaginar. É parar de focar no termo impossível e na consciência das coisas que não darão certo, é tirar seu foco do problema e encarar os obstáculos e desafios como forma de crescimento e criar a solução.

Tudo o que alcançamos na vida ou não vem de nossos pensamentos. Se você acredita que não pode ser feliz no trabalho, então nunca será. Se você acredita que trabalhar é algo penoso, assim sempre será. Se você pensa que não é capaz de conseguir uma promoção, dificilmente conseguirá.

Seu cérebro acredita que tudo o que você fala ou pensa é real. Então, no que você acredita? Como tem alimentado sua mente? O que você diz para você mesmo?

Ao longo da minha carreira tive dois pensamentos que, por muito tempo, me conduziram em um caminho de insatisfação. O primeiro era quanto à escolha de minha profissão. Lembro-me de que quando escolhi ser psicóloga ouvia meu pai dizer que eu iria passar fome, pois esta profissão jamais me daria retorno financeiro. Diante disso, acreditei que era verdade. E, por um período, realmente foi muito difícil ser bem remunerada com meu trabalho.

E outro pensamento sabotador era que eu não poderia ter uma carreira de sucesso, pois tinha um filho pequeno, e que seria impossível conciliar a carreira com qualidade no papel de mãe.

Então, o que eu fazia? Colocava a culpa no fato de ser psicóloga e ser mãe. Nessa época vivia irritada, frustrada e de mal com a vida. Não enxergava solução, apenas recriminava minhas escolhas.

Um dia ouvi falar sobre Coaching e fui estudar esta metodologia. Foi amor à primeira vista. Eu finalmente enxerguei a luz no fim do túnel. Percebi que a insatisfação não precisava ser a minha realidade, e que eu poderia ser bem-sucedida na carreira, atuando com o desenvolvimento humano e ainda ser uma ótima e dedicada mãe.

As perguntas feitas no processo de Coaching estimularam a busca por respostas, me tirando do foco da reclamação. Foi crucial para a mudança de meus pensamentos, e nesse processo passei a enxergar possibilidades que antes eu não via.

É importante estar presente no agora e prestar atenção nos seus diálogos internos. Então, faça uma lista de pensamentos que sabotam sua carreira, como, por exemplo, eu não consigo; não sou boa o suficiente; tudo é difícil demais; preciso de mais cursos ou mais tempo; meu chefe não gosta de mim etc.

Em seguida, escreva os pensamentos que podem impulsionar sua vida, como, por exemplo, eu sou capaz; se eu me comprometer, eu consigo o que quiser; trabalhar é prazeroso etc.

Ao terminar a atividade, coloque-se em estado de prontidão, ou seja, fique presente no seu dia a dia e pronto para as oportunidades que irão surgir.

Algumas dicas:

1- Quando perceber que está tendo um pensamento negativo, pare e pergunte a si mesmo se é real. E o que você pode fazer para minimizar aquela situação.

2- Anote esse pensamento limitante e dedique tempo para pensar sobre ele. Pergunte a si mesmo por que acredita nisso. Busque em sua memória situações ou pessoas que possam ter estimulado este pensamento. No meu caso, um dos meus pensamentos foi reforçado pelo meu pai e por demais psicólogos.

3- Crie um diário de gratidão. Crie o hábito de escrever todos os dias algo bom que aconteceu com você. Isso o estimulará a sair do negativo e perceber coisas boas em seu dia a dia.

Acredite, ao transformar sua mentalidade mudará sua realidade. Platão dizia: "A primeira e maior vitória é vencer a si mesmo!" E completo com o pensamento de Napoleon Hill quando diz que "ninguém está pronto para alguma coisa até que acredite que pode adquiri-la".

Segundo passo – Clareza em seus objetivos

Agora é preciso definir metas claras do que você almeja. Este passo também é indispensável para ter sucesso. Saber o que quer da vida vai ajudá-lo a manter o foco e persistir quando as dificuldades aparecerem. Não deixe seu futuro à mercê da sorte ou do acaso. Descreva com detalhes o que deseja para sua carreira e para sua vida.

Pessoas bem-sucedidas possuem metas claras, e agem na direção delas de forma incansável, com persistência, determinação e foco. Porém, muitos se distraem no meio do caminho e desistem diante das primeiras dificuldades.

Comece descrevendo o que significa ter uma carreira de sucesso para você, afinal, esta definição é muito subjetiva. Essa resposta deve conter seu objetivo, o que você espera alcançar. Por exemplo, seu sonho é ser um gerente, trabalhar em uma empresa conceituada e ser bem remunerado.

Em seguida, é preciso estabelecer metas específicas para o que deseja alcançar, e sempre com prazo para acontecer. Por exemplo, você quer ser promovido a gerente de Recursos Humanos, na empresa 'x', com um salário de R$ 20.000,00 até o dia 08/08/2016.

Criar metas deixa seu objetivo mais claro e possível de ser realizado. Assim, sai do sonho para se tornar realidade. Além de facilitar na criação de ações estratégicas para atingir o que deseja (assunto que será tratado no quarto passo).

Algumas dicas:
1- Sempre escreva suas metas em um papel.
2- Crie um caderno de metas e coloque ao menos três grandes metas anuais, e depois vá descrevendo em metas mensais e semanais. Isso ajudará a manter o foco e o comprometimento.

Persista no seu objetivo até conquistá-lo. Mantenha o foco, e lembre-se: o que você estiver 'plantando' irá colher.

Terceiro passo – O grande motivo

Agora que definiu o que espera para sua carreira e já tem metas claras, o que fazer para sustentar e ter constância em suas ações até alcançar seu objetivo?

Para isso, é preciso que você tenha claro o porquê, os ganhos e incentivos de chegar onde deseja. E isso deve ser alimentado diariamente.

Vamos fazer outro exercício. Feche seus olhos e visualize você neste momento alcançando o sonho traçado acima. Onde você está? O que você sente? O que vê ao seu redor? O que ouve das pessoas? Permita que as emoções de conquista e realização tomem conta de você. Sinta que é real, que você chegou aonde deseja e tire uma fotografia mental desta cena, deste momento em sua vida.

Agora que visualizou passe para o papel. Escreva exatamente o que sentiu, pensou e viu. E responda as questões abaixo:

1- Você realmente quer alcançar esta meta?

2- Por que você quer alcançar? Quais os motivos? Liste-os.

3- O que perde ao não alcançar esta meta? Como se sentirá?

4- O que ganha ao alcançar esta meta? Como se sentirá?

5- Qual o seu grande porquê?

6- Descobriu seu grande motivo? Então, agora o que impede você de viver a vida dos seus sonhos?

O grande trunfo deste passo é que o motivo precisa ser muito forte para dominar os medos e a fotografia mental que tirou precisa despertar em você um desejo ardente de realização.

Quarto passo – Agir estrategicamente

Os passos anteriores são de extrema importância, mas não serão suficientes se você não partir para a ação. Este passo é o que colocará em movimento seu sonho. Descreva ações necessárias para a realização de sua meta.

◆ O que você precisa fazer para atingir sua meta (coloque ao menos três ações)?

◆ Quando será feito? Onde? Com quem?

◆ Por que será feito?

◆ Como irá fazer?

◆ Do que precisa para fazer? Recursos?

◆ O que pode impedi-lo de fazer?

◆ Como irá lidar com os obstáculos que podem surgir no caminho?

Sem ação nada acontece. Não deixe a procrastinação dominar. Elimine o hábito de adiar para amanhã o que você deveria ter feito ontem. Simplesmente vá e faça o que tem de ser feito.

Quinto passo – Fazer parte de um grupo poderoso

Este último passo foi um grande impulsionador na minha carreira. Fazer parte de um grupo para empreendedores me fez dar um salto enorme rumo ao meu objetivo.

Estar em contato com outras pessoas que também buscam realizações é contagiante e impulsionador. Além de aumentar seu networking, existe a possibilidade de novas ideias, de parcerias, de troca de experiências, de aumentar sua autoconfiança e também desenvolver novas habilidades e competências.

Esse passo foi tão marcante em minha vida que criei meu próprio grupo. Primeiro validei os passos, depois estruturei o método Wake Up e, então, criei o Programa Desperte sua Carreira, no qual trabalho com profissionais que buscam alta performance e assim como eu sentiam-se perdidos, sem saber por onde começar ou como fazer acontecer.

Talvez, neste momento, você esteja pensando que já leu sobre tudo isso em vários lugares. Porém, eu te pergunto: você já tentou realmente colocar em prática essas valiosas lições?

Deixo este capítulo como um convite para você construir uma carreira de sucesso e ser o mestre de obras dos seus sonhos!

Um forte abraço!

Orientação Vocacional & Coaching de Carreira

Keli Pires

Satisfação com a vida e aspectos da carreira

9

Keli Pires

41 9623-2232 / 41 3312-0335
coaching@kelipires.com.br / www.kelipires.com.br

Coach e Consultora de Carreira.
Certificada como Professional Mentoring & Coaching Holo-Sistêmico ISOR, pelo Instituto Holos/ SC, e certificada como Coaching de Performance pelo Coaching Clinic, ambos licenciados pelo ICF. Certificada como Practitioner e Master em Programação Neurolinguística (PNL), pelo Sócrates Vituri Desenvolvimento Humano e Coaching/PR. Certificada como Orientadora Vocacional e Planejamento de Carreira pelo Portal Vocacional/ PR. Certificada como Consultora DISC pela Etalent Brasil. Graduação e MBA na área de Gestão de Recursos Humanos e Gestão de Pessoas. Especialização em Metodologia da Educação para Ensino Superior. Como Gestora de Recursos Humanos, experiência de mais de 15 anos na área de RH e Gestão de Pessoas. Docente na Choice Escola de Profissões/ PR. Consultora de Treinamentos pela empresa Êxodos. Proprietária da empresa KP Coaching & Desenvolvimento Humano, atuando como Coach de Carreira, Coach para líderes e programas de Orientação Vocacional, além de ministrar cursos e treinamentos comportamentais e na área de Gestão. Mais de mil horas em atendimento Coaching e Consultoria de Carreira.

Ao ler o livro do Mario Sergio Cortella "Qual a sua obra?", fiquei pensando muito sobre esse tema, ou seja, a importância de trabalhar em algo de que se goste e faça sentido para a sua vida. Porém, é mais que isso, devemos sentir orgulho das nossas obras, como diz Cortella: "Eu me vejo naquilo que faço, não naquilo que penso. Eu me vejo aqui, no livro que escrevo, na comida que eu preparo, na roupa que eu teço". É preciso enxergar o propósito com a sua carreira e como ela ajudará você a ter uma vida com mais satisfação, esse é o meu propósito ao escrever estas linhas.

Convido você a ler este breve capítulo com a "mente aberta", ou seja, estar aberto para enxergar novas possibilidades e oportunidades para a sua vida e principalmente para a sua carreira. Irei propor aqui algumas reflexões que te ajudarão no seu autoconhecimento e entendimento sobre ter uma carreira com mais propósito e significado.

"A ideia de trabalho como castigo precisa ser substituída pelo conceito de realizar uma obra." Mario Sergio Cortella

Uma vida com propósito, inclusive na carreira

Ter uma vida com propósito e poder viver a sua missão de vida, nesse momento começamos a perceber que todo ser humano busca na sua essência é ser feliz. Estamos sempre em busca da felicidade e bem-estar. Contudo, o que a grande maioria não sabe é que o bem-estar já está dentro de nós, ele é puro e simples como a própria vida, ela não tem correlação ou dependência.

Esse sentimento de satisfação ou bem-estar é gerado de dentro para fora e não o contrário. Todos nós podemos escolher todos os dias viver de forma plena e feliz, satisfeitos com as nossas ações e decisões, ou viver achando que nos falta algo e reclamando daquilo que não temos. A escolha é sempre nossa.

Estamos sempre buscando a aprovação e permissão dos outros para tomar algumas decisões e escolhas, seja de forma consciente ou inconsciente, vivemos em um mundo onde existe tamanha preocupação no "ter" antes do "ser". E esta vontade exagerada de agradar ou atender as expectativas das outras pessoas está diretamente ligada às escolhas profissionais assim como em outras áreas das nossas vidas.

Vejo pessoas dedicando anos de suas vidas a estudar para passar em grandes concursos públicos pois esse é um desejo dos seus pais, e não o delas. Assim como existem profissionais que passam anos de suas vidas se dedicando a uma carreira ou emprego no qual não veem de fato um propósito. Pessoas anulando os seus sonhos em troca de um pouco de estabilidade e um salário que atenda as suas necessidades de consumo, apenas para agradar a sua família e amigos ou apenas gerar status.

Mas por que isso acontece?

Simples, como estamos sempre buscando a felicidade, acreditamos que atendendo as expectativas das outras pessoas estaremos atendendo as nossas próprias expectativas e assim ficaremos felizes. O que é uma inverdade, somos pessoas únicas, com interesses e necessidades diferentes, e o que é bom para o outro nem sempre nos serve. Reforçando assim a importância do autoconhecimento, quanto mais nos conhecemos mais entendemos o que realmente é importante para a nossa vida e carreira e como queremos viver, de acordo com os nossos valores e propósito.

Normalmente, estamos acostumados a saber o que não queremos, sem nos preocupar em responder os grandes questionamentos mais profundos, como o que eu quero de fato, ou o que faz sentido para a minha vida.

Você já parou para pensar no que você realmente quer para todas as áreas da sua vida?

Qual a sua missão de vida?

Quando escutei esse termo a primeira vez fiquei pensando na grandeza de uma única frase. E como eu poderia ajudar as pessoas a encontrarem e definirem a sua missão de vida. Mas, para isso, era preciso entender a amplitude do termo e da importância desse significado. E mais do que isso, era necessário entender e definir a minha Missão de Vida.

Missão de vida é algo que está diretamente ligado à essência de cada um de nós. É o que dá sentido a nossa vida, é poder viver de acordo com as nossas crenças, valores e coisas nas quais acreditamos. É de alguma forma deixar um legado, saber que a nossa vida fez sentido para alguém. Nesse sentido, deixar um legado pode ser algo tão grandioso como ajudar na descoberta da cura de uma doença terrível ou criar uma nova e deliciosa receita de um bolo de chocolate. Missão de vida é algo que faz o seu coração bater mais forte, é algo que você gosta tanto de fazer que faria até de graça. Pela simples sensação de fazer algo que faça sentido para você.

Durante os processos de Coaching, tenho percebido uma necessidade das pessoas em descobrir esse fator tão importante, como se fosse algo mágico e inatingível, na verdade acredito que é justamente o contrário. Muitas vezes viver a sua missão de vida é fazer algo que você já vem fazendo há algum tempo e apenas não se deu conta.

Vejamos exemplos de pessoas que viveram a sua Missão de Vida: Steve Jobs, sua paixão por tecnologia o fez desenvolver um produto do qual as pessoas hoje em dia não podem viver sem (computador portátil); Papa Francisco, sua paixão pela humanidade resgatou milhares de católicos e aproximou a Igreja da grande população; Nelson Mandela, que com sua paixão pela sua raça e pela justiça fez com que todo o mundo entendesse a importância da igualdade inter-racial etc. etc... Sem falar das pessoas do nosso dia a dia, como aquela professora do primário que libera a turma toda mais cedo para o recreio apenas para conseguir dar atenção ao aluno que estava com mais dificuldade de assimilar o conteúdo devido a sua paixão pelo Magistério, ou aquela atendente da padaria que você frequenta há anos e sempre o recebe com um sorriso no rosto, sabe o nome e o pedido principal da maioria dos clientes. Apenas porque gosta de trabalhar com o público.

Fica claro o que essas pessoas têm em comum, é a PAIXÃO, ou seja, elas eram ou são apaixonadas por suas carreiras, suas vidas, ou apaixonadas pela possibilidade de fazer a diferença nas suas vidas ou nas vidas das outras pessoas.

Para ajudá-lo a entender qual a sua missão de vida seguem algumas dicas valiosas, que serão bem interessantes nesse processo:

1- Autoconhecimento. Invista em ferramentas que te possibilitem se conhecer melhor, nesse processo você pode contar com o auxílio de profissionais especializados como Coaches, terapeutas, psicólogos, mentores etc.

2- Identifique quais são os seus pontos fortes e no que precisa melhorar, visualizar os seus pontos positivos facilitará encontrar as boas oportunidades, assim como reconhecer os seus pontos a desenvolver é sinal de maturidade e desejo de melhoria contínua.

3- Conheça as suas habilidades, competências e talentos naturais. Algo que você faz com facilidade, que para você é muito simples de fazer, coisas que normalmente as pessoas reconhecem que você faz com maestria. Como, por exemplo, aconselhar as pessoas, escrever com facilidade, ou até mesmo chegar a conclusões de problemas matemáticos mais elaborados.

4- Planeje sua carreira, planeje sua vida. Saiba aonde você quer chegar. Pois para quem não sabe aonde quer chegar qualquer lugar serve. Nesse processo algumas perguntas são importantes.

◆Qual é o seu maior objetivo profissional?
◆Como você tem vivido os seus valores diariamente? E como pretende vivê-los na sua carreira?
◆Você realmente ama a sua profissão? Faz porque gosta, ou porque gera bons recursos financeiros, segurança ou status?
◆Se tivesse oportunidade estaria fazendo outra coisa?
◆O que é ter sucesso profissional para você?
◆Já pensou em transformar o seu hobby em uma profissão?
◆De que forma você pretende contribuir com o mundo?
◆Qual é o legado que você quer deixar para os seus filhos e netos?
◆O que você faria se tivesse todo o tempo, recurso e dinheiro disponíveis?
◆Como você quer estar daqui a cinco ou dez anos?
◆O que você realmente gosta de fazer?
◆O que eu gosto tanto de fazer que faria até de graça?
◆Se eu tivesse certeza absoluta do sucesso o que faria?
◆De que forma eu posso contribuir para melhorar a vida das pessoas ao meu redor?

5- Planeje o seu futuro, mas viva o seu presente. Ou seja, muitas pessoas acabam focando tanto em um sucesso futuro que acabam esquecendo-se de viver e apreciar as coisas boas que lhe acontecem nesse caminho. Comemore as pequenas conquistas. Acreditam que poderão ser felizes apenas quando estiverem trabalhando, fazendo ou vivendo de acordo com a sua missão de vida. É importante saborear o caminho não somente a chegada.

Viver a sua missão de vida pode ser mais simples e fácil do que você imagina. Saiba quem é você, do que você gosta e aonde quer chegar. Defina um objetivo a respeito desse assunto, trace metas e prazos e comece!!!

Após tantas descobertas a respeito de você mesmo, chegamos a um ponto de extrema importância: fazer escolhas conscientes.

A importância de fazer escolhas conscientes

Cada escolha que fazemos, até mesmo aquelas que parecem sem importância, gera consequências que nos acompanham por toda a vida. Por isso, é fundamental que cada escolha seja feita de forma consciente, pois ela definirá nosso futuro.

Geralmente não percebemos que a cada passo deixaremos uma marca que se estenderá para sempre. Cada vez que fazemos uma opção, estamos redefinindo nosso caminho. Cada decisão tomada ou nos aproxima do destino desejado ou nos afasta completamente dele.

O futuro é consequência das escolhas que fazemos no presente. Você já parou para pensar nas escolhas que você tem feito até agora? E aonde essas escolhas têm te levado? O que tem movido você a fazer suas escolhas de vida? Por que optou pela faculdade que está cursando, ou cursou? Era isso mesmo que você queria ou foi algo que alguém impôs para você? Você realmente precisa manter-se nesse emprego de que não gosta? Por que você escolheu a profissão que exerce? Porque é a sua vocação ou você apenas se preocupa com a remuneração que recebe, sem perceber o preço que paga por ela?

A partir do momento que tomamos consciência das nossas escolhas e entendemos que somos os únicos responsáveis pelas consequências geradas, deixamos de ser espectadores e passamos de fato a assumir o controle de nossas vidas e de nosso futuro.

Faça suas escolhas, busque aquelas que vão completá-lo, não aceite nenhuma que o distancie de si mesmo, prefira sempre aquilo que faz sentido para você, assim, cada decisão tomada será um passo em direção ao seu propósito e você vai se sentir plenamente satisfeito e realizado.

Gerando Mudanças

"Seja a mudança que você quer ver no mundo." Mahatma Gandhi

Após algumas reflexões e análises é possível que o sentimento de mudança já tenha te alcançado e comece a rodear os seus pensamentos.

Quando se deseja a mudança é porque aquela realidade não lhe cabe mais.

Estamos em constante transformação, nada é imutável. Se existe algo em sua vida que não está de acordo com a forma que você gostaria sempre é possível mudar, iniciar um novo ciclo. Analise suas escolhas, avalie as suas decisões, respeite o seu momento e seus interesses. É possível que você já saiba o que quer e o que precisa mudar, então permitir-se fazer novas escolhas, com um bom planejamento, dedicação, disciplina, motivação e entusiasmo é possível sim! Ter satisfação e bem-estar em todas as áreas da sua vida e principalmente em sua carreira.

Assim como não podemos voltar ao passado, nem tampouco prever o futuro, o que temos é o presente, por isso a importância de vivermos o aqui e agora. Sermos felizes e satisfeitos com o que temos hoje. Viver cada minuto com alegria, satisfação e bem-estar, pois o agora também faz parte de um ciclo que amanhã não existirá mais.

O futuro é você quem faz a todo instante, então, mãos à obra!

Planejar para mudar – Plano de Ação

"Se você quer vencer na vida, é muito simples: conheça o que faz, ame o que faz, e acredite no que faz." Will Rogers

Chegou a hora de unirmos todas essas informações e traçarmos um objetivo claro e específico com um plano de ação que ajudará você a alcançar o que deseja, seja o que for.

◆ Qual é o seu principal objetivo referente à sua satisfação pessoal ou profissional?

◆ O que você realmente quer?

◆ Quando você quer?

◆ Com quem você quer viver esse objetivo?

- O que você ganha atingindo esse objetivo?
- O que faz esse objetivo tão importante para você?
- Quais ações você vai tomar para atingi-lo?
- O que mais você pode fazer?
- Quais os recursos que você já tem para atingir o seu objetivo?
- Qual recurso ainda precisa? Aonde vai buscar?
- Existe alguma barreira que possa te impedir de atingi-lo?
- O que você vai fazer para reverter?
- De 0 a 10, qual o nível do seu comprometimento com o seu objetivo?
- Como você saberá que atingiu o seu objetivo? Qual será o cenário?
- Quando vai começar?

Todos os dias dê ao menos um passo em direção ao seu objetivo, e após a conquista desse objetivo trace um novo, os recursos agora você já tem!

Vale lembrar que a vida é feita de dois tipos de pessoas, as que sabem o que querem e as que são levadas pelas que sabem.

O meu objetivo aqui foi o de te ajudar de alguma forma na incrível busca pelo seu autoconhecimento, para que possa fortalecer a sua satisfação com a vida e aspectos da sua carreira, mas antes de terminar reforço que devemos buscar o bem-estar que já está em nós, preservar as pequenas coisas da vida, vamos focar a nossa atenção para o que realmente importa. Lembrem-se de que as melhores coisas da vida não têm valor financeiro. O que pode ser melhor do que passar um dia agradável ao lado das pessoas que você ama, fazendo atividades que façam sentido e que te tragam alegria? Como uma caminhada no parque de mãos dadas com o seu amor, ou tomar um sorvete no meio da tarde com o seu filho. Vamos celebrar o caminho, não só a chegada, pois talvez você decida mudar o trajeto no meio do caminho. E se for necessário faça isso quantas vezes for preciso. Na dúvida escolha sempre o que faz o seu coração vibrar.

Em tempo, após muitas reflexões e autoconhecimento, consegui entender e definir qual a minha Missão de Vida, então vamos a ela:

"Poder ajudar as pessoas a se conhecerem e se desenvolverem, para que elas possam ser tão felizes em suas carreiras assim como eu sou com a minha".

"Uma mente que se abre para uma nova ideia, jamais voltará ao seu tamanho original." Albert Einstein

Sucesso a todos!

REFERÊNCIAS BIBLIOGRÁFICAS

FERRAZ, Eduardo. Seja a pessoa certa no lugar certo. São Paulo: Ed. Gente, 2013.

CORTELLA, Mario Sergio. Qual a tua obra? Rio de Janeiro: Ed. Vozes, 2015.

CAVALCANTE, Anderson. O que realmente importa. Rio de Janeiro: Ed. Sextante, 2012.

ROBBINS, Anthony. Desperte o seu gigante interior. Rio de Janeiro: Ed. BestBolso, 2012.

CURI, Augusto. Seja Líder de si mesmo. Rio de Janeiro: Ed. Sextante, 2004.

CURI, Augusto. Gestão da Emoção. São Paulo: Ed. Saraiva, 2015.

O`CONNOR, Joseph. Manual de Programação Neurolinguística PNL. Rio de Janeiro: Ed. Qualitymark, 2015.

SAMPAIO, Mauricio. Escolha Certa. São Paulo: Ed. DSOP, 2012.

HOLOS, Instituto. Formação em Professional Mentoring & Coaching Holo-Sistêmico ISOR. Florianópolis. 2015 (Apostila).

SOCRATES VITURI, Desenvolvimento Pessoal & Coaching. Curitiba. 2015 (Apostila).

Orientação Vocacional & Coaching de Carreira
Lafaete Eustáquio da Silva

10

A escolha profissional na adolescência: dicas para o encontro com a vocação e a profissão de sucesso

Lafaete Eustáquio da Silva

lafaetes@hotmail.com / lafaetes@gmail.com

Master Coach Mentor e Trainer. Diretor do espaço VOCATIONE de orientação profissional, Coaching e Mentoring, em Brasília (DF).
Trainer e Mentoring Training Certification com Hendre Coetzee pelo Center for Advanced Coaching – CAC. Master Coach, Business and Executive Coach, Linguagem Ericksoniana e Professional e Self Coach pelo Instituto Brasileiro de Coaching - IBC, com certificações internacionais. Master Coach de Carreira com formação em Orientação e Coaching Vocacional pelo Instituto Mauricio Sampaio de Coaching de Carreira. MBA Executivo em Coaching, MBA em Psicopedagogia Empresarial, pós-graduado em Marketing e Gestão Estratégica, Literatura Brasileira, Linguística, Português Jurídico e Revisão de Texto, com Didática do Ensino Superior. Especialização em Psicologia e Orientação Profissional. Licenciado em Pedagogia e jornalista profissional (MTE 0011013/DF). Mediador capacitado para aplicar o Programa de Orientação Profissional, empregabilidade e empreendedorismo pelo método GPS Profissional, de autoria do professor dr. Leo Fraiman.
Participou do treinamento "O Monge e o Executivo", certificado por James Hunter, e do Life Plan - estratégia para renovação de vida e da carreira, sob orientação direta de Tommy Nelson.
Analista/Consultor 360º e Coaching Assessment, treinamento no programa de formação Internacional Business and Executive Coaching – BEC.

A escolha profissional na etapa da vida chamada adolescência apresenta interrogações mais aguçadas. Um momento delicado para os jovens e para as famílias.

Os desejos e medos, anseios e fantasias se misturam internamente e se confrontam com expectativas externas em relação aos investimentos e resultados, às ocupações e profissões que são ofertadas pelo bombardear da mídia. Tudo isso apresenta possibilidades, demanda percepção e maturidade. É interessante refletir, buscar respostas.

Antes de mergulhar no campo da escolha de sua carreira de sucesso falarei resumidamente sobre meu encontro com a orientação vocacional e profissional.

Por um período de cinco anos, aproximadamente, passei pela experiência de ser orientador de conteúdos para trabalhos de conclusão de cursos. Na maioria dos encontros, que eram individuais, eu observava o descontentamento de muitos orientandos em relação ao curso escolhido.

A aflição de alguns se tornava evidente quando o assunto era não dar continuidade ao exercício daquela profissão e desagradar aos pais que a duras penas haviam custeado os estudos ou, em outros casos, arrependidos pelo quanto haviam se empenhado por algo que não se alinhava com o seu projeto naquele momento da vida.

Então, no intuito de minimizar a dor de cada um deles eu propunha encontros em que cada um trouxesse algo sobre carreiras e ocupações para que descobríssemos campos de afinidades com cada profissão. Asseguradamente, um período de muita contribuição e aprendizado agregado à vida pessoal e profissional.

Escolher é uma ação presente em todos os momentos de nossas vidas. Para que se possa fazer uma escolha certa, todas as condições precisam ser analisadas. A possibilidade de ajustar-se a uma proposta de escolha e até mesmo a ideia de abrir mão de escolher faz parte dos questionamentos.

Listamos o que está ao nosso alcance em curto, em médio ou em longo prazo, fazemos a nossa escolha e, quando não se encaixa na nossa realidade, sofremos e acumulamos perdas financeiras, insatisfações e arrependimentos.

O encontro com a vocação e a profissão não é diferente. Escolher com propriedade não é algo fácil. Requer conhecimento de si mesmo, de seus interesses, aptidões e estilo de vida desejado.

A adolescência é uma fase efervescente, cheia de dúvidas e angústias. Quando chegada a hora de o jovem decidir sobre a sua profissão, seu trabalho e o que vai fazer da vida daquele momento em diante é normal sentir insegurança diante de um mundo tão complexo, de inúmeras profissões, das influências, das pressões.

FERNANDES (2014) situou o período de adolescência "entre a infância e a fase adulta" e o caracterizou como "um período de transição no qual o ser humano sofre grandes mudanças, entre elas as físicas, cognitivas e afetivas, além da mudança nos papéis sociais", e o reconheceu como "uma fase do ciclo de vida em que o indivíduo passa por transições normativas e não normativas inerentes ao desenvolvimento".

O processo de escolha não é repentino. Buscar informações e adquirir maturidade é essencial. Você é o piloto da sua vida, mas a contribuição do profissional de orientação profissional para o seu projeto de vida é muito importante. Nesse momento especial o orientador será o copiloto na trajetória do estado atual para o estado desejado. Uma parceria imprescindível com a família.

SOARES (2009) confirma que "a escolha profissional constitui um processo contínuo, que se inicia na infância e vai até a idade adulta". Cita ainda o estudo de psicólogos americanos, a partir de entrevistas com adolescentes, que indica "que o processo de escolha compreende três momentos: primeiro, de fantasia; segundo, de tentativa, e terceiro, realista; este é o momento da escolha profissional propriamente dita".

> A fase realista ocorre entre 17 e 21 anos, implicando a escolha de uma profissão, de um curso superior, e caracteriza-se por alguns momentos distintos. Inicialmente, você deve ter um conhecimento mais detalhado, se possível, de todas as profissões para começar a distinguir as que você quer ou das quais gosta. Essa fase é de exploração. Na próxima fase você se compromete com o objetivo escolhido. (SOARES, 2009)

Uma boa construção profissional requer motivação. Os caminhos da melhor escolha dependem da busca incessante pela informação vocacional, do entendimento das características marcantes, do quanto se investe em autoconhecimento.

Ser feliz na sua carreira vai muito além de ganhar dinheiro. Não delegue o seu futuro a outras pessoas. Jamais deixe de ouvir a quem te ama e quer bem, mas nunca se esqueça de que você é uma digital no mundo e só você sofrerá as consequências de sua decisão neste momento único da sua vida.

Entre em ação, não perca de vista o seu futuro! Livre-se de hábitos improdutivos e mantenha o foco no que realmente importa. Para um maior desempenho é importante que mantenha o equilíbrio e não perca o ânimo.

Tenha atitude para alcançar o seu objetivo. Imagine como você quer apresentar-se daqui a cinco anos, por exemplo. Seja disciplinado nos estudos, aprofunde-se nas pesquisas. Converse com pessoas experientes, conheça o ritmo de uma universidade, de uma faculdade. Permita-se ir além e conheça o curso dos seus sonhos e a rotina do profissional da área.

Seja resiliente e não desista caso surjam dificuldades. Lembre-se da água no leito dos rios que passa por obstáculos contornando-os. Esteja pronto para o empoderamento, para tomar posse do que é seu. Você merece!

Portanto, seja sincero consigo mesmo. Conhecendo-se mais e melhor, suas preferências se apresentarão naturalmente e, assim, a identificação da sua futura profissão se tornará mais suave e acertada.

> *Escolher é uma atitude e um ato de responsabilidade para com a vida, além de um caminho promissor para a realização pessoal e profissional. Se não escolhemos, deixamos para que outros façam isso por nós, o que não é bom. Portanto, se não podemos ter tudo como apregoam os apelos consumistas, é possível fazer escolhas conscientes e nos tornarmos protagonistas de nossa vida. A atitude de escolher com sabedoria é a única que gera autonomia. (FRAIMAN, 2013)*

É neste momento da vida que a boa informação deve ser aliada ao chamado interno, sensação que faz o coração bater mais forte e que auxilia na melhor escolha.

Os próximos parágrafos trarão grandes contribuições para entendermos questões sobre uma escolha acertada e também sanar dúvidas de como se tornar um profissional realizado, em harmonia com a sua essência.

Dicas auxiliarão para que você encontre possibilidades de preparar-se para vencer o desafio de plena realização e fazer uso das melhores ideias no caminho escolhido.

FRAIMAN (2013), no livro Projeto de Vida, responde a cem dúvidas mais comuns e essenciais à formação do projeto de vida. Faz um convite para que você "Mergulhe em seus sonhos, naquilo que mais o inspira e faz sentido para você", convida ainda para "Sair da zona de conforto, buscar ir além, fazer melhor a cada vez, encarar até aquilo que não parece tão agradável". Tudo isso nos torna pessoas melhores e formadoras de um mundo melhor.

BUCKINGHAM (2013) fala que para desenvolver sua verdadeira vocação deve-se começar com determinação e que "A responsabilidade está nas suas mãos, naquilo que decide fazer todos os dias". Que toda escolha exige coragem para enfrentar riscos. Com exclusividade, "examine detalhadamente seus interesses e leve-os a sério. Comece agora mesmo a direcionar sua vida para as coisas de que você mais gosta".

O Coaching tem auxiliado muito no encontro do ser humano com a vocação, acumulando relevantes benefícios. Na orientação vocacional o Coach (orientador/profissional que aplica o processo) estimula o coachee (orientando/aquele que visa identificar seu potencial e desenvolver suas habilidades) a explorar seus pontos fortes, reconhecer seus pontos de melhoria e definir um caminho de sucesso.

> *Você deve ter em mente o que é sucesso. Talvez você pense, neste momento, em um monte de cifrões. Parabéns! Mas, não pense só em dinheiro. O sucesso financeiro se obtém quando temos paixão pelo que realizamos, independentemente dos problemas e desafios que temos de enfrentar. Ter sucesso na vida é vivê-la em sua plenitude; ter tempo para você, sua família, seus amigos, para o lazer e para o trabalho. Isso é sucesso!" (SAMPAIO, 2012)*

Como um processo transformador e gerador de sucesso, o Coaching tem conduzido pessoas a serem gestoras de suas próprias vidas. OLIVEIRA (2012) esclareceu que "para isso é que precisamos estar cônscios do que iremos experimentar e daí é que vem a supremacia do autoconhecimento, da autoestima, do autodesenvolvimento".

GIMENEZ (2009) acertou no que diz respeito à realidade da maioria dos jovens quando relata que "sabemos o quanto é difícil para um adolescente pedir ajuda profissional, em um momento em que se sente louco pela própria natureza instável da adolescência".

É providencial entender este momento tão especial na vida de todos os envolvidos. O processo de busca profissional não pode ser deixado para o último momento pois necessita de dedicação, desenvolvimento, resultados conscientes.

A atualidade nos envolve num mundo fluido e dinâmico onde a educação e a evolução na profissão são para toda a vida. Devemos buscar o melhor sempre numa escala de momentos de oportunidade que a boa preparação nos apresenta ao longo da caminhada. Pode ser uma sucessão de momentos de sucessos e outros de turbulência, o que só depende, na maioria dos casos, de resultados individuais.

O autoconhecimento é uma das chaves importantes para abrir espaço na visualização do caminho e avançar pra valer na trajetória dos seus sonhos. Desta forma, a orientação profissional exerce um importante papel, principalmente para os jovens vestibulandos que estão na fase do encontro com seu futuro, seja numa profissão, numa ocupação.

Invista seu precioso tempo em busca da felicidade! É preciso ter a certeza da necessidade de encontrar o norte que possa culminar com as habilidades profissionais requeridas para o exercício da futura profissão. Neste momento o trabalho de um orientador capacitado é indicado, pois traz elementos diferenciados que poderão garantir sucesso na escolha.

Este escrito objetivou mostrar que a prática profissional pode ser considerada como uma das atividades de maior importância na vida de um indivíduo adulto. Porém, é na adolescência que as dúvidas a respeito do futuro se intensificam e que os interesses profissionais começam a evidenciar-se tendendo a se resolver no início da vida adulta.

Os autores, por meio de suas obras, apresentaram relevantes contribuições. A orientação profissional como um processo organizado considera fatores importantes numa das decisões de mais impacto para toda a vida: a escolha profissional.

Por fim, compartilho uma frase de Aristóteles, filósofo grego, século IV a.C.: "Sua vocação está onde as necessidades do mundo e seus talentos se cruzam". É transformador o encontro com a vocação e a missão de vida.

REFERÊNCIAS BIBLIOGRÁFICAS

BUCKINGGHAM, Marcus. Desenvolva sua verdadeira vocação: como escolher a carreira adequada a seus pontos fortes. Tradução: Flávia O'Shea; Rio de Janeiro: Sextante, 2013.

COVEY, Sean. Os 7 hábitos dos adolescentes altamente eficazes: o guia definitivo de sucesso para os adolescentes. 18ª ed.; tradução: Alberto C. Fusaro e Marcia C.F. Fusaro. RJ: BestSeller, 2012.

FERNANDES, Fabiana Soares. Estilo parental e desenvolvimento vocacional: um estudo sobre a influência das famílias na orientação dos adolescentes. 1ª ed.; São Paulo: Loyola, 2014.

FRAIMAN, Leo. Projeto de vida: 100 dúvidas. 1ª ed.; São Paulo: Esfera, 2013.

FRAIMAN, Leo. PGPS profissional: um guia para mapear a si mesmo e escolher a SUA profissão. 1ª ed.; São Paulo: Esfera, 2013.

GIMENEZ, Patricia Dias. Adolescência e escolha: um espaço ritual para a escolha profissional através do sandplay e dos sonhos. 1ª ed.; São Paulo: Casa do psicólogo, 2009.

HOUAISS, Antonio. Dicionário Houaiss: sinônimos e antônimos. 3ª ed.; São Paulo: Publifolha, 2011.

LEMOS, Caioá Geraíges de. Adolescência, identidade e escolha da profissão no mundo do trabalho atual. 1ª ed.; São Paulo: Vetor, 2001.

MARQUES, José Roberto. Dos 7 níveis da teoria do processo evolutivo: guia revolucionário de autoconhecimento e empoderamento. 1ª ed.; Goiânia: IBC, 2015.

OLIVEIRA, Ritah de Kássia das Mercesz. Coaching Teen: potencializando futuras pessoas de sucesso. Rio de Janeiro: Qualitymark, 2012.

SAMPAIO, Mauricio. Escolha Certa: como tomar a melhor decisão hoje para conquistar uma carreira de sucesso amanhã. São Paulo: DSOP, 2012.

SOARES, Dulce Helena Penna. A escolha profissional: do jovem ao adulto. 2ª ed.; São Paulo: Summus, 2002.

SOARES, Dulce Helena Penna. O que é escolha profissional. 4ª ed.; São Paulo: Brasiliense, 2009.

Orientação Vocacional & Coaching de Carreira
Ludmila de Moura

11

A influência da família na escolha profissional dos filhos

Ludmila de Moura

(13) 99198-3333 WhatsApp
ludmila.moura@triunffar.com.br / ludmilacoach@gmail.com

Psicóloga com certificação internacional em Professional, Self & Life Coaching e Mentoring - Instituto Holos. Especialização em Psicanálise - IPA-UCDB e Especialização em Terapia Familiar - Abratef - ATFMS. Formação complementar em Tanatologia (estudo da Morte) e em Perdas e Luto (Instituto Pinus Longaeva). Professora de graduação e pós-graduação em Psicologia e RH. Doutoranda - Unifesp, Baixada Santista, Santos, SP.

Você sabe o que você quer ser "quando crescer"? Você pode escolher por si ou seus pais estão decidindo por você?

E vocês, mãe e pai, estão muito preocupados com o futuro profissional de seus filhos?

Neste artigo pretendo responder a estas perguntas e abordar alguns dos fatores relacionados à escolha profissional.

Entram em meu consultório a mãe e a filha, sendo que esta se senta encolhida no canto do sofá. Sua mãe fala por ela, que procura ajuda, pois sua filha está confusa quanto à escolha da carreira. A mãe diz: "Ela pode escolher o que ela quiser, mas Medicina é melhor, vai ganhar mais".

Claramente eu percebo que sua filha está acuada, sem liberdade de expressar seus desejos. Peço que a mãe se retire da sala, o que lhe causa espanto, para conversar somente com sua filha. Com a saída da mãe, a cliente muda sua postura, ficando mais relaxada e relata que não quer fazer Medicina, mas que sua mãe não aceita outra opção.

Com o retorno da mãe à sala, aponto o que observei e a mesma tem muita dificuldade em aceitar que a filha possa saber o que ela quer fazer... A mãe não se dá conta de que era um sonho seu, que tenta realizar através da filha.

E como termina essa história?

Várias sessões são necessárias para trabalhar as expectativas dos pais em relação ao futuro dos filhos... Saber diferenciar que a vida deles é diferente da vida de seus filhos...

Podemos – e devemos – orientar nossos filhos, mas também devemos aceitar que eles sabem melhor o que querem, desde que tenhamos ensinado a eles a saberem usar a autonomia com responsabilidade.

E vocês, pais, acompanharam o crescimento de seu filho/filha, permitindo que ele/a desenvolvesse a autoconfiança? Uma autoimagem positiva? Ele/a sente que pode escolher e que vocês o/a ajudarão nesse processo, caminhando juntos, mas não na frente, fazendo por ele/a?

E que, se ele/a se equivocar e resolver voltar, você lhe dará apoio e compreensão?

Minha história

Eu um dia tive também que fazer minha escolha profissional.

E tive muitas dúvidas, principalmente na fase da adolescência, onde tantas mudanças ocorrem.

E ter de tomar uma decisão que nos faz pensar ser definitiva foi muito angustiante.

E a influência de meu pai foi decisiva, como em muitas famílias.

Meu pai era professor universitário, chegou a ser diretor de faculdade, e eu me lembro das visitas que fazíamos ao local de trabalho dele, eu devia ter por volta de cinco anos... assistindo os filmes que ele passava para os alunos... eu amava aquele lugar... achava meu pai importante, admirado pelos alunos e provavelmente ali eu decidi que queria ser como ele...

Mas isso foi para o fundo da minha mente, ficando no meu inconsciente por muitos anos...

Minha mãe era uma mulher simples, com pouco estudo e eu, definitivamente, "não queria ser como ela"... "apenas" uma dona de casa... cuidando de cinco filhos... depois separada, sozinha, tendo de cuidar de mim e de meu irmão gêmeo... com muitas dificuldades...

Na adolescência, lembro-me de uma redação na escola em que eu projetava meu futuro profissional como uma mulher independente (em oposição a minha mãe), e a profissão como uma forma de ascensão social.

Embora eu gostasse muito de Decoração, meu pai "fez minha cabeça" para que eu não fizesse apenas um curso "técnico", mas que também fizesse uma faculdade.

Então optei por fazer cursinho para Arquitetura, mas nas aulas de desenho descobri que não era minha praia, pois me sentia muito tímida e envergonhada por não saber desenhar direito, como outros alunos.

Aí fiquei em dúvida entre o curso de Psicologia e o de Direito, escolhendo Psicologia na hora de me inscrever no vestibular, acredita?

Ainda bem que escolhi certo, me realizei e me realizo sendo psicóloga clínica, mas também me dediquei muitas vezes à área da Psicologia Jurídica, satisfazendo mesmo que indiretamente esse outro lado...

Mas por que a Psicologia? Certamente também pela influência de meu pai, que se formou em Filosofia, curso que continha muito conteúdo de Psicologia, pois na época esse curso ainda não havia sido regulamentado no Brasil. E ele fez o doutorado com o tema de Psicologia da Arte...

E eu continuei minha formação, estando atualmente fazendo o doutorado, como meu pai...

Você deve estar se perguntando por que estou contando minha história?

Porque ela exemplifica como as relações com nossos pais, ainda na infância, influenciam, mesmo que inconscientemente, nossas escolhas profissionais. Tanto no que a gente quer ser, como no que "não quer ser".

As brincadeiras infantis também são uma forma de experimentar diferentes papéis profissionais, que vão influenciar nas escolhas futuras. E o brincar infantil deve ser mais levado a sério pelos adultos.

As **regras** e os **valores** dos pais são passados para os filhos, que não querendo decepcioná-los abrem mão de seus desejos – como no caso do curso técnico X curso universitário.

Minha história tem outros dois aspectos – a questão da falta de habilidade para desenho e a profissão como uma possibilidade de ascender socialmente.

Com relação à escolha, temos de nos lembrar se temos as **habilidades necessárias** para determinada profissão. Se não, se é uma habilidade que poderá ser facilmente adquirida, com cursos e treinamentos, ou se devemos desistir, como eu fiz em relação à Arquitetura.

Outro ponto a ser considerado na hora da escolha é o **custo** do curso – infelizmente alguns cursos são muito caros, como Medicina e Odontologia, tornando inviável que grande parte da nossa população possa fazê-los.

Mas muitas vezes a família faz grandes sacrifícios, investindo apenas no estudo de um dos filhos – visando o retorno econômico futuramente.

Então muitas vezes – como nas duas situações citadas acima - esse filho nem tem a opção do que gostaria de estudar, mas faz o que a família escolhe por ele, ou o curso que pode pagar.

Já vi grandes talentos serem desperdiçados porque os pais não querem que os filhos se afastem, que estudem em outra cidade, longe deles.

Infelizmente este tipo de família pode ser a chamada **"aglutinada"**, onde os filhos não podem se tornar independentes, têm de ficar sempre junto dos pais, impedindo a autonomia e, consequentemente, o amadurecimento deles. Têm os pais esse direito, apenas por medo e insegurança próprios?

A família como um sistema

Até aqui estou mostrando como a família faz parte de um sistema, onde seus integrantes se influenciam mutuamente em todas as situações, o que ocorre também na hora da escolha profissional.

Os subsistemas familiares – a união entre pai e um dos filhos; entre os pais de um lado e os filhos de outro; entre dois irmãos em oposição a uma irmã, por exemplo – formam-se dentro do sistema maior que é a família. Qualquer comportamento de um dos membros pode "desequilibrar" o sistema familiar, tornando necessários alguns ajustes para o retorno ao equilíbrio anterior. O estado de equilíbrio não quer dizer que é saudável, mas que os membros estão "ajustados" entre si, mesmo que de forma patológica.

Então a abordagem de psicóloga/Coach neste sistema implica tentar corrigir as distorções na comunicação e na interação entre as diversas pessoas da família.

Pessoalmente eu trabalho com uma abordagem clínica (Bohoslavsky, 1998), que pode ser complementada com testes de personalidade, de interesses e de habilidades, lembrando que determinados testes são de uso exclusivo do psicólogo.

Quando o cliente está muito confuso, no trabalho de orientação vocacional/profissional, trabalhamos com exclusão de profissões, a partir das habilidades e interesses do mesmo.

Outro dia um cliente comentava que havia passado alguns dias trabalhando com seu pai e outros dias, no trabalho de sua mãe, a partir de uma sugestão minha. E percebeu que não queria o trabalho de sua mãe – advogada - "pois as pessoas só chegavam ali com problemas", enquanto que no trabalho do pai chegavam e saíam alegres... Embora não tenha se decidido pelo que queria, ao menos decidiu uma profissão que não queria...

Estudos apontam que entre 15-18 % dos estudantes desistem dos cursos, ainda no primeiro ano de faculdade, devido a terem escolhido errado.

Mas o que eu acho pior são os alunos que continuam, mesmo quando já sabem que não gostam, que não vão exercer aquela profissão futuramente. Muitas vezes continuam por pressão dos pais, que acham que o filho não pode "perder" o que fez até agora.

Eu tento mostrar para as famílias que nunca vai ser perdido o que aprendeu até agora, mas que insistir apenas para ter um diploma é, isso sim, uma perda de tempo. Que seria melhor então parar e, se não sabe o que gostaria de cursar, fosse trabalhar, para ganhar mais experiência de vida e depois escolher com mais maturidade.

Nestes mais de 20 anos de magistério na universidade, em diferentes cursos, observo que os alunos mais velhos são os que melhor se beneficiam do aprendizado, pois sabem o que querem, então se dedicam com muita vontade e responsabilidade.

Toda escolha tem um preço

Como vimos, as experiências infantis, principalmente com os pais (ou cuidadores), influem nas escolhas futuras. E, quanto mais tivermos consciência dessa influência, melhor controle teremos da nossa vida.

A vida sempre nos pede para fazermos escolhas. Quando decidimos por um namorado, "perdemos" os outros possíveis... E a mesma coisa é em relação à escolha profissional: quando escolhemos uma profissão, "perdemos" as outras possibilidades...

E esse exercício da escolha acontece todos os dias na nossa vida. Dependendo de como os pais ensinam os filhos a escolher – desde a alimentação, a roupa que vão vestir, o desenho na TV... -, pode ser mais fácil ou mais difícil esse processo.

Saber escolher implica tolerância à frustração, saber adiar desejos, agir pelo "princípio da realidade", em contraposição ao "princípio do prazer".

É assim que desde pequenos vamos aprendendo a controlar nossos impulsos, a desenvolver o pensamento... pensar antes de agir... para termos escolhas mais maduras, menos equivocadas, menos impulsivas... menos erradas... no processo de desenvolvimento da nossa identidade.

Deixar os filhos sozinhos neste processo, podendo escolher o que quiserem, implica um abandono emocional, muitas vezes confundido pelos pais como "dar liberdade" aos filhos.

Concluindo

Como Coach, tenho de considerar que a família é um sistema dinâmico, onde todos os integrantes se relacionam de forma que um influencia o outro, em seus diferentes subsistemas.

E essa influência pode ser positiva, quando a escolha é compartilhada, mas com permissão de autonomia por parte dos filhos, com uma margem de segurança, é lógico, pelos pais, mais experientes.

Por outro lado, uma relação familiar em que não possa ser desenvolvida a independência dos filhos, por insegurança e/ou controle excessivo dos pais, ou, ao contrário, famílias em que os filhos são independentes demais, sem consideração com os outros, mostram a presença de uma vinculação patológica.

O Coach tem de estar atento aos tipos de relações familiares estabelecidos, no processo de (in)decisão vocacional dos filhos.

O uso do genograma das profissões familiares pode ser um excelente instrumento de ajuda na compreensão da dinâmica familiar, permitindo identificar padrões de escolhas, para auxiliar no processo de intervenção.

Não pode atender somente o filho, sem olhar a família de que ele faz parte, quais valores, regras e crenças estão internalizados, para não correr o risco de avaliar parcialmente o seu cliente e se equivocar nas decisões.

Se possível, seria preferível que toda a família fosse atendida, ao menos em algumas sessões iniciais, para poder fazer claramente o diagnóstico das fronteiras estabelecidas entre seus membros, no processo de desenvolvimento de autonomia de todos.

Em resumo, o Coach pode ajudar imensamente nesta fase de individuação, de definição das fronteiras entre os membros da família, para que o desafio da escolha da profissão seja a mais exitosa possível, em direção a uma evolução saudável no processo do ciclo vital familiar.

REFERÊNCIAS BIBLIOGRÁFICAS

Almeida, MEG; Pinho, LV. Adolescência, família e escolhas: implicações na orientação profissional. Psicol. clin. vol. 20 n° 2. Rio de Janeiro: 2008.

Bohoslavsky, R. (1998). Orientação vocacional: a estratégia clínica. São Paulo: Martins Fontes.

Santos, L. M. M. (2005). O papel da família e dos pares na escolha profissional. Psicologia em Estudo, 10, 1, 57-66.

Santos, PJ. Família e indecisão vocacional: Revisão da literatura numa perspectiva da análise sistêmica. Rev. bras. orientac. prof vol. 11 n° 1. São Paulo: jun. 2010

Orientação Vocacional & Coaching de Carreira

Marcos Martins de Oliveira e
Carolina Martins de Oliveira

12

As cinco etapas básicas do Coaching de Carreira e a importância da área emocional

Marcos Martins de Oliveira e Carolina Martins de Oliveira

(27) 99875-3468 / (27) 99605-6033
contato@institutoadvento.com.br
www.institutoadvento.com.br

Marcos Martins de Oliveira: diretor executivo e Master Coach & Mentor Trainer do Instituto Advento, com sete formações nacionais e internacionais em Coaching & Mentoring, dentre elas, é Master Coach de Carreira pelo IMS. Possui 20 anos de experiência educacional e empresarial. Especialista em Inteligência Emocional. Mestre em Ciências Sociais da Religião, mestrando em Administração de Empresas pela Fucape, especialista em Psicopedagogia e em Educação Especial, graduado em Gestão de RH, Pedagogia e Teologia, com formação em Psicanálise Clínica, Terapia Familiar e de Casal, Neuropsicologia e Neurolinguística.

Carolina Martins de Oliveira: graduanda em Psicologia pela Faculdade Católica Salesiana do ES. Com quatro formações profissionais com certificação internacional: (1) Professional, Self & Life Coaching, (2) Leader Coach, (3) Analista Comportamental e (4) Especialista em Inteligência Emocional, todas pelo Instituto Advento.

Quando estamos dando uma formação ou workshop sobre Coaching de Carreira, sempre aparece a pergunta sobre quais circunstâncias ou situações esse método deve ser aplicado ou quais nichos de mercados existem para quem trabalha com este segmento. Na realidade, o Coaching de Carreira pode ser aplicado em SEIS SITUAÇÕES bem específicas, descritas abaixo:

1. Escolha profissional e o primeiro emprego – O cliente precisa decidir sobre sua futura profissão ou carreira. Em muitos casos, são alunos do ensino médio ou do ensino superior, que precisam saber que seu sucesso na vida profissional está intimamente ligado a sua vida acadêmica. Em outros casos, isso não acontece, a vida profissional não está ligada à vida acadêmica, mas sim a desenvolver algumas habilidades, competências e atitudes que ele precisa para ter sucesso profissional.

2. Desenvolvimento profissional e manutenção da carreira – Nesse caso, o cliente já está trabalhando e percebe que precisa se atualizar ou se aperfeiçoar. Também existem aqueles que fazem para buscar um equilíbrio maior entre vida pessoal e profissional. Aqui, o profissional está buscando mais segurança, sucesso e estabilidade.

3. Mudança de carreira – Nesta situação, o cliente já está trabalhando e quer mudar de carreira. Fazer uma transição tranquila, segura e sem muitos problemas é o objetivo. Muitos procuram este serviço por estarem insatisfeitos com a carreira atual e desejam uma carreira mais próxima dos seus ideais de vida. Querem alcançar suas metas e se reencontrar como pessoa e como profissional.

4. Adaptação a nova posição ou empresa – Esta opção é parecida com a anterior. O cliente já está trabalhando, mas recebe uma promoção ou muda de empresa e precisa se adaptar de forma rápida, mas tranquila, segura e sem muitos problemas. Neste caso, a adaptação rápida é essencial para o sucesso do cliente.

5. Recolocação profissional e perda de emprego – Nesta situação, o cliente, muitas vezes, precisa primeiro gerir sentimentos de perda, raiva, culpa e frustração para organizar sua vida pessoal e profissional. Depois do primeiro momento, volta com força renovada para desenvolver um plano de carreira.

6. Aposentadoria – É uma situação muitas vezes ignorada ou deixada para o último momento e com isso muitos não se preparam, gerando um estado depressivo quando a pessoa entra nessa etapa da vida. O cliente precisa planejar essa mudança tão radical. A mudança na realidade financeira, disponibilidade de tempo, identidade profissional e pessoal precisa ser ajustada e planejada para que aconteça sem trauma e prejuízo.

Quando, eu e minha filha, paramos para desenvolver este artigo, pensamos exatamente em duas realidades: (1) você é uma pessoa que está passando ou pretende passar por um desses momentos e quer saber como o Coaching pode ajudá-lo; (2) você é um profissional que deseja utilizar o Coaching para ajudar pessoas que estejam passando por essas situações. Pensando nestes dois casos, decidimos, então, fazer um texto simples de ler, que fosse direto e prático.

Para que você pudesse entender melhor este processo, estruturamos o nosso artigo da seguinte forma:

◆ Na primeira parte, iremos conceituar o que é Mentoring e Coaching;

◆ Na segunda parte, vamos mostrar as cinco etapas básicas de um processo de Coaching de carreira. Claro que de uma forma simplificada e resumida. Sabemos que temos outras metodologias mais elaboradas e complexas, mas, de forma geral, todas seguem mais ou menos o modelo das cinco etapas básicas. Também devemos levar em conta que existe uma adaptação para cada uma das seis situações em que o processo pode ser executado;

◆ Já na terceira, iremos falar da importância de se trabalhar com a área emocional dentro deste processo;

◆ Na quarta e última parte, iremos te dar um presente!

1. Mas, afinal de contas, o que é Coaching e Mentoring?

Mentoring é um processo no qual um mentor (profissional mais experiente) usa ferramentas e técnicas associadas aos seus conhecimentos e vivências para orientar e guiar seu mentoree/cliente. O mentor acompanha e orienta durante o processo, mas o cliente é o responsável por tomar as decisões e ser dono do seu próprio destino.

Coaching é um processo em que um Coach (profissional certificado) através de ferramentas e técnicas retira de dentro da própria pessoa o seu potencial máximo e as respostas para avançar em cada etapa. Usando técnicas para controle emocional, faz a pessoa compreender como funcionam as suas emoções. No decorrer deste processo, o cliente assume a direção da sua vida, modificando sua estrutura interna e mudando a forma de agir, alcançando assim suas metas e objetivos na área pessoal e profissional. Neste processo, o cliente é o centro. Podemos aplicar o processo a qualquer área humana.

Quando aplicamos a metodologia do Coaching & Mentoring na área de carreira, temos uma libertação. Acreditamos que, para atuar nessa área, o Coach precisa também ser um mentor (especialista). Neste caso, estamos assumindo que o Coach & Mentor é um especialista que tem experiência, tem técnicas e ferramentas de Coaching aplicadas às áreas: acadêmica, profissional e de carreira.

2. As cinco etapas básicas de um processo de Coaching de Carreira

Como já dissemos, um processo de Coaching de carreira, de forma simplificada e resumida, passará pelas cinco etapas básicas, apresentadas abaixo:

2.1. Processo de autoconhecimento e autoanálise

Nesta etapa, o cliente precisa fazer um processo de autoconhecimento e autoanálise para que possa conhecer quem ele é verdadeiramente. É imprescindível que o cliente possa entender suas emoções e como elas trabalham dentro dele. Conhecer suas habilidades, competências e atitudes é essencial nesta etapa. O autoconhecimento é o primeiro e mais importante passo nesta caminhada. Não existe autotransformação, se não existir primeiro autoconhecimento. Não se pode fazer uma intervenção sem antes conhecer o alvo da intervenção. Essa etapa é uma fase de diagnóstico, de raio-x, de pesquisa interna e externa. Entender a imagem interna e a projetada nas pessoas é muito importante. Essa é a base de toda a nova reestruturação. É o primeiro pilar da nossa estrutura. Se tiver alguma informação ou dado não coletado nesta etapa, pode prejudicar todo o processo restante.

2.2. Definição das metas e do resultado desejado

Nesta etapa, deve-se, a partir do processo anterior, desenhar como seria a profissão ou carreira ideal. Neste momento é essencial que o cliente faça uma pesquisa bem completa e profunda sobre a função ou carreira que deseja desenvolver. Deve-se pensar em cada item, cada habilidade, competência e atitude que serão exigidas durante a vida profissional. Essa é a segunda base do processo de Coaching de carreira. É o segundo pilar da nossa estrutura. Se tiver alguma informação ou dado não coletado nesta etapa, pode prejudicar todo o processo restante.

2.3. Elaboração do plano de carreira

Na terceira etapa, unimos os dois pilares do processo de Coaching de Carreira. O cliente já sabe: (1) quem ele é e (2) o que ele precisa desenvolver para ter sucesso em uma função ou carreira. A partir desses dois pilares, montamos o nosso plano de carreira. Aqui, definem-se todas as metas e os resultados desejados, todas as situações que envolvem essas metas e esses resultados. Agora, podemos definir todas as ações e atividades necessárias, com datas e sequência de execução, além de recursos, definições de responsabilidade e comprometimento para vencer cada passo.

2.4. Execução do plano de carreira

Na quarta etapa, é o momento da execução de tudo aquilo que foi planejado. É hora da ação coordenada para avançar e alcançar as metas e os objetivos. Todos os problemas e dificuldades enfrentados devem ser anotados para se trabalhar na etapa seguinte.

2.5. Acompanhamento, avaliação e adaptação

Na quinta e última etapa, é o momento de acompanhar e controlar os resultados da execução do plano de carreira. Incentivar a auto-avaliação e dedicação do cliente é essencial. Neste momento, podem acontecer ao menos três situações:

◆ O planejamento está sendo executado e os resultados estão aparecendo de forma satisfatória. Continuamos com o planejamento, acompanhamento e avaliação;

◆ O planejamento está sendo executado e os resultados não estão aparecendo de forma satisfatória. Neste momento, é necessário retornar às etapas anteriores, verificar o que está acontecendo e se for necessário fazer alguma adaptação;

◆ O planejamento não está sendo executado, é necessário retornar às etapas anteriores, verificar o que está acontecendo e fazer as adaptações necessárias.

Esta etapa de acompanhamento, avaliação e adaptação do planejamento deve ser feita até se alcançar o resultado desejado.

3. Qual a importância da área emocional neste processo?

O maior desafio enfrentado durante o processo de Coaching de Carreira é exatamente o desequilíbrio emocional do cliente. Muitas vezes, percebemos que a pessoa tem recursos e talentos, mas não consegue colocá-los para fora. Estão paralisados, presos, como se não pudessem alcançar o que desejam, isso traz frustrações e um estado de depressão. A pessoa sente-se desmotivada, sem foco, sem energia e desequilibrada emocionalmente. Com isso, não consegue usar toda sua estrutura interna. Para alcançar resultados significativos, precisa estar bem consigo mesma! Se a pessoa, como indivíduo, não estiver bem em todas as suas dimensões, não alcançará o seu potencial máximo ou os resultados alcançados não serão sustentáveis! A pessoa precisa investir em todas as áreas da sua vida. Precisa cuidar do físico, mental, social, emocional e espiritual para ter saúde completa e sucesso profissional sustentável. A vida pessoal está intimamente ligada à vida profissional e vice-versa.

Por causa disso, na primeira etapa do processo de Coaching de Carreira é imprescindível mapear a estrutura interna do cliente. Para isso, utilizamos algumas ferramentas, como: Mapeamento Emocional, Avaliação da Natureza Motivacional, Missão de Vida (Eu Sou), Preferência Cerebral e Avaliação Comportamental DISC. Essas são algumas das ferramentas que podemos usar para saber com detalhes como motivar e trabalhar com cada cliente. Outra técnica, muito importante, é o Rapport, através dela conseguiremos uma ligação direta com o emocional de uma forma mais segurança e confiável, tendo assim informações privilegiadas da realidade interna do nosso cliente.

Dar ferramentas ao cliente para administrar crenças e emoções é imprescindível para o sucesso do processo de Coaching de Carreira.

Mas, afinal de contas, por que é imprescindível administrar as nossas crenças?

Pois bem! Sistema de crenças é um conjunto de crenças e valores ligado ao nosso emocional e formado desde o nascimento. Construímos, dia após dia. Todas as experiências vividas moldam esse sistema. Somos influenciados e controlados por nossas emoções, que por sua vez são controladas por nossas crenças. O sistema de crenças pode variar muito de acordo com a condição financeira, nível acadêmico, nível social, região, cultura, religião, época e família.

Você nunca será maior que suas crenças!
Suas crenças estabelecem seus limites, não seus sonhos e metas!

"Porque, como imaginou no seu coração, assim ele é" (Provérbios 23:7). Perceba que, de acordo com essas palavras, o que o ser humano acreditar na sua mente, ou seja, de acordo com suas crenças, assim ele se comporta. Por isso, se uma pessoa diz: "Não posso fazer isso!", ou se diz: "Posso fazer isso!" nos dois casos a pessoa está certa, pois conforme sua crença ela agirá! Mesmo tendo recursos e talentos para realizar determinada atividade, não conseguirá, pois sua mente o sabotará e ele não alcançará o objetivo. Quando isso acontece, dizemos que se trata de uma "crença limitante", ou seja, a pessoa está limitada por causa da sua crença!

4. Finalizando

Eu e minha filha queremos, agora, agradecer e presentear você que nos acompanhou até aqui, com sua paciência e carinho ao ler este artigo! Preparamos um presente para você, basta acessar o link abaixo para participar de um curso sobre Inteligência Emocional, totalmente gratuito. Neste curso, iremos ensinar como desenvolver um plano de ação na área emocional, aprenderá ferramentas para que possa se conhecer melhor e controlar seus pensamentos e emoções.

www.institutoadvento.com.br/emocional

Esperamos que tenha gostado do nosso artigo. Se você tiver interesse em saber como aplicar o Coaching em outros segmentos entre em contato conosco.

Até a próxima! Visite nosso site! Entre em contato!

Teremos o maior prazer em conversar contigo!

Orientação Vocacional & Coaching de Carreira

Roseli Bacili Laurenti

13

Jornada de transformação e sonhos para empreender

Roseli Bacili Laurenti

roseli.l@uol.com.br
www.psiconous.com.br

Drª em Psicopedagogia, Ms. Psicologia Educ. Formada em Psicanálise, Pedagogia e Ed. Artística. Mentoring & Coach Holo Sistêmico ISOR – Psychological Coaching & Holomentoring - Módulos I, II, III e III Advanced. Além do trabalho clínico psicanalítico, psicopedagógico e como Coach, atua como professora em cursos de pós-graduação. Trabalhou como profª e diretora das redes estadual, municipal e particular.
Livros publicados:
Psicopedagogia: um modelo fenomenológico, São Paulo Vetor, 2004.
Aprendizagem por meio da narrativa. São Paulo: Vetor, 2006.
Jogos imaginativos: o encanto da narrativa na prática cotidiana. Biblioteca24horas, Seven System International Ltda, 2011.
Escute-me, por favor! Contribuição psicanalítica para educadores. Biblioteca24horas, 2012.
Virtudes: as sementes evolutivas para seu filho. Biblioteca24horas, 2014.
Que nossas "obras" falem por nós por meio da espiritualidade e liderança - coautora. In: Liderança e Espiritualidade. São Paulo: Editora Leader, 2015

> "Eu não sei o segredo do sucesso, mas o segredo do fracasso é tentar agradar todo mundo." Bill Cosby

Estamos todos em meio a uma jornada – uma jornada de mudança, escolha e transformação. A jornada é um movimento em direção a uma busca interna em direção ao sonho, à expectativa de um estudo, de um trabalho, que devo realizar com muito amor para ser feliz.

A jornada requer tempo, pois as mudanças não ocorrem instantaneamente, mas sim lenta e muitas vezes até imperceptivelmente.

A jornada de transformação implica também confiar principalmente em si próprio e nos outros. Ela implica ainda aceitar desafios necessários para nos levar ao caminho da mudança e desenvolvimento.

Para que a jornada em nossa vida seja a mais perfeita possível é fundamental a escolha de um trabalho estimulante e, mais do que isso, devemos ter paixão pelo que fazemos.

No entanto, o modelo educacional vigente está ultrapassado, distante da realidade e somente serve para adestrar as pessoas. Infelizmente isso vem ocorrendo de geração em geração. A educação não está a serviço da evolução humana.

A maioria de nós precisa construir a própria carreira observando o que gostaria de fazer e encontrando maneiras de chegar lá. Mudamos muitas vezes ao longo do caminho e a nossa carreira consiste na história evolutiva da nossa vida profissional.

Poucos se dedicam a planejar o tipo de carreira que gostariam de ter. Novos tipos de trabalho surgem a cada momento e, nesse sentido, precisamos buscar mais informações sobre os tipos de trabalho que nos interessam para que possamos realizar a escolha mais adequada com nosso desejo.

Há diferentes maneiras para se planejar uma carreira e conseguir ajuda mais adequada, como:

◆ Coach de Orientação Vocacional
◆ Apoio de amigos
◆ Informações sobre as profissões em sites, redes de relacionamentos com trocas de experiências, em blogs, revistas, livros...

Nem sempre o jovem estudante consegue realizar uma escolha adequada sozinho, muitas vezes embarca na onda de amigos, ou escolhe pelo que imagina ser mais rentável, por exemplo, Medicina, mesmo não podendo ver sangue; ou, ainda, por influência dos seus pais.

Nesse sentido surgem as consequências e prejuízos tanto a si próprio como aos pais, que investem muito, ficando insatisfeitos e preocupados.

Devemos pensar com grande intensidade como as escolhas vocacionais ocorrem nos dias atuais. Sabemos que ainda muitas escolhas realizadas pelos jovens são imposições dos pais, outras pelos títulos, outras pela aparente rentabilidade financeira ou pela identificação com algum profissional.

Vamos refletir sobre as seguintes perguntas:

◆ Esses futuros profissionais estarão nas profissões que amam e se sentirão realizados?

◆Essa escolha foi realizada com autonomia, ou foi uma escolha conflituosa?

◆Como o grupo familiar influencia ou influenciou na escolha?

◆Fizeram pesquisas das profissões escolhidas adequadamente?

Muitas vezes o adolescente vai na contramão do grupo familiar; o oposto do que a família espera que o adolescente seja e nem sempre o apoiam. Geralmente, essa escolha serve para diminuir a ansiedade persecutória sentida pelos adolescentes.

Muitos desses adolescentes passam até mesmo a se identificar com grupos agressores devido à representação interna temida pelo grupo ou por um indivíduo, revelando, assim, o que não quer ou não permitir ser.

A escolha profissional será sempre o depositário de um objeto interno que reclama reparação.

Nesse sentido, aquele que faz a opção não escolhe somente uma carreira, mas define com que trabalhar num sentido para sua vida, delimitando, assim, uma escolha para uma determinada realidade ocupacional.

Avaliar a escolha com a maior precisão possível é muito importante para encontrar posteriormente satisfação no trabalho e, principalmente, na vida pessoal.

O adolescente deve elaborar lutos pelos objetos que deixa ou perde, como amigos, professores, locais em que estudou, e lutar pelo que deseja de fato com novos projetos, novos estudos, carreiras... Entretanto, esse luto requer tolerar sentimentos de culpa, fantasias. Se essas fantasias são retalhadas, o sentimento predominante é o ressentimento e atitudes de críticas e autocríticas.

O predomínio deste tipo de culpa pode ser responsável por vários comportamentos no processo como:

◆ o medo de escolher profissionalmente o que mais gostaria de realizar por sentir que esta escolha implicaria abandonar as expectativas dos pais e que representaria simbolicamente um ataque aos pais e, consequentemente, um medo inconsciente de ser atacado por eles.

◆ pode determinar o abandono de objetos valiosos desejados há muito tempo por eles como estudar música em detrimento de administração, ou fazer teatro, dança em detrimento à Medicina. Por outro lado, podem ocorrer bloqueios intelectuais ou autoboicotes baseados na culpa, por estar crescendo ou ultrapassando alguém da família e essa situação pode ocasionar uma parada de desenvolvimento intelectual, ficando estagnado na situação.

◆ estes sentimentos de culpa têm sua matriz em estados precoces do desenvolvimento, que pode ser no exato momento do nascimento, ou mesmo na adolescência, a rivalidade com os pais, acentuada pela reativação da situação edípica.

◆ o adolescente que escolhe e aceita crescer dá um grande salto no sentido de separar-se da família, muitas vezes abandonando o lar, indo morar sozinho, ocorrendo uma reestruturação de si mesmo e de todo o grupo familiar. Motivo suficiente para sentir-se culpado.

◆ ocorre um grande conflito na escolha entre um objeto interno e o objeto familiar, manifestada pelo adolescente, principalmente quando a família se opõe à sua escolha, ficando muitas vezes indiferente a ele e delegando-lhe toda a responsabilidade. Nesse sentido, o adolescente sente-se abandonado, sozinho, frustrado, com raiva, um processo que leva muitos à depressão.

Sinais característicos no processo de orientação vocacional

"Três regras básicas:
No caos está a simplicidade.
No conflito está a harmonia.
No meio da dificuldade está a oportunidade."
Albert Einstein

1. Lamentação do adolescente expressando a autoacusação e aloacusação – se tivesse estudado em um colégio mais forte..., se tivesse estudado mais..., se tivesse prestado mais atenção... se meus pais fossem mais ricos...

2. Decepção e desespero – esta sociedade é uma porcaria, meus valores não servem para nada, só passam os filhinhos de papai. Podemos notar aqui o rompimento de antigos padrões comportamentais.

3. Separação do antigo (luto) – deixar o colégio, os colegas, sentimentos de solidão. Ansiedade pelo desejo de se completar, de se realizar.

Os lutos que surgem durante um processo de Orientação Vocacional expressam-se por meio de sentimentos e manifestações clínicas como: a tristeza, a solidão, a ambivalência, a culpa, o cansaço, a reflexão, a busca da autonomia.

Se a Orientação Vocacional é vivida como autorreparação, ela surge como ocupação reparatória, podendo ocorrer nos estudos universitários problemas de aprendizagem desde dificuldade de compreensão até outras neuroses.

Uma escolha adequada depende da elaboração dos conflitos e não da sua negação. Se essa escolha depende da identificação consigo mesma, que se faz com conhecimento do que se pode e do que não se pode, ela se torna pessoal, prospectiva, autônoma e responsável.

Orientação profissional em dinâmica de grupo

"Pessoa culta é aquela que sabe onde procurar a informação que ignora."
George Simmel

O desenvolvimento vocacional faz parte do desenvolvimento geral e do crescimento pessoal e, muitas vezes, envolve problemas que escapam do terreno vocacional. No entanto, ele surge e precisa ser escutado.

A escuta dos adolescentes com ênfase na percepção e nos sentimentos ampliam a visão do processo grupal.

O objetivo principal da Orientação Vocacional não é escolher definitivamente uma profissão, mas poderá ajudar o indivíduo a tomar decisões mais assertivas, proporcionando maior conhecimento de si mesmo acerca do trabalho e oferecer oportunidades para aprender processos mais eficientes, mais sábios e mais satisfatórios para o futuro.

Nessa dinâmica grupal pode-se levantar o porquê das escolhas ou da problemática de cada indivíduo, suas indecisões, suas dúvidas por falta de informações, ou mesmo por não ter ainda nenhuma escolha.

Informações sobre cursos, trabalho e mercado atual são vinculados nesse processo grupal, pois faz-se necessário ter uma escolha consciente e não chegar a uma decisão sem o devido conhecimento.

Essa dinâmica se torna fundamental, pois o observador busca testemunhar o fenômeno que o descreve para compreender, classificar e situar-se na problemática pela vivência.

Importante também buscar pesquisar vários tipos de trabalho que acha interessante para que tenha uma percepção mais clara sobre seu rumo e assim passar para a ação, mesmo sem ter nenhuma experiência ou mesmo habilidade para simplesmente descobrir o que gostaria de fazer e dar continuidade ao processo.

É essencial conhecer os seus pontos fortes, suas fraquezas para poder obter bons resultados no mercado de trabalho, pois este vive em constantes mudanças provocadas pelas incertezas e flutuações da economia.

O planejamento de carreira não é uma tarefa indicada somente para jovens ou para quem está à procura de um emprego. Ela é mais ampla, pois repensar a carreira profissional durante a vida profissional, na verdade, na meia-idade tem se tornado uma constante em nosso tempo.

Atualmente, percebemos também que estão ocorrendo mudanças radicais, pois as pessoas ao perceberem que o seu tipo de trabalho não as satisfaz mais, priorizam a mudança para obter uma vida pessoal mais saudável e feliz.

Temos percebido também nos atendimentos que muitas pessoas após terem estudado anos em uma universidade, com mestrado, doutorado e até mesmo pós-doutorado, nem sempre se sentem realizadas e até mesmo ficam sem emprego. Continuam presas nesse modelo de vida com muito "medo" para mudarem e alcançarem seus objetivos, chegando a uma parada de desenvolvimento total.

A educação precisa evoluir para que as pessoas sejam de fato o que poderiam ser, com uma visão de mundo diferenciada, com maior consciência, por meio das experiências e dos conhecimentos adquiridos nesse processo. Acredito que a educação precisa priorizar outras abordagens para que os alunos sejam bem-sucedidos.

Uma vez empenhados em realizar algumas mudanças na vida profissional, mesmo que modestas, é imprescindível discutir os planos com outras pessoas, podem ser amigos ou uma pessoa especializada, um Coach de carreira.

Quando envolve família, o plano de mudança pode exigir o seu apoio emocional e deve ser discutido com cuidado, pois tem profundas implicações.

Empreendedorismo e a orientação vocacional

Um pequeno desvio na sua jornada, ou na sua escolha, e você pode ficar muito distante dos seus objetivos e se frustrar, portanto, faça a escolha adequada.

Informações relevantes para a escolha profissional, algumas dicas e reflexões importantes podem levar a uma escolha lúcida, consciente, alterando assim uma trajetória de vida com um projeto feliz, sadio e eficaz.

Deve-se iniciar na educação uma transformação na aprendizagem incentivando os alunos a serem mais colaborativos, participativos e mais conectados, principalmente com as novas tecnologias, porém com moderação.

Promover mais trabalhos em equipe, estimulando os relacionamentos e as participações coletivas, ampliando assim o leque das comunicações. Essas são algumas atitudes para que haja a transformação, em especial das pessoas da geração Y, que precisam se adaptar para entender os novos conceitos de relacionamento, pois eles são os novos profissionais e empreendedores.

Um estudo recente feito pela Associação Comercial de São Paulo revela que oito em cada dez estudantes pensam em ser donos do próprio negócio. A faixa etária dominante entre empreendedores é de 18 a 35 anos.

Mas, o que significa empreender?

De acordo com o dicionário Aurélio, 1995, empreender significa deliberar-se a praticar, propor-se, pôr em execução.

Para empreender é preciso ser arrojado, ter capacidade de uma visão de mundo para solucionar problemas, criar rotinas de trabalho, gerar mais produtividade, ter ideias inovadoras e desafiadoras.

O termo empreendedor (entrepreneur) se constituiu na França, por volta dos séculos XVII e XVIII, com o objetivo de designar as pessoas ousadas a estimularem o progresso econômico, diante de novas visões e desafios para o trabalho.

Empreendedorismo é para todos, pois buscar o sucesso qualquer pessoa pode, basta desejar. O importante para o sucesso é ter visão, ter coragem para enfrentar e competência. Vale ressaltar também que o empreendedorismo é um dos pilares da ciência de Desenvolvimento Pessoal que leva a aprender a lidar com os conceitos interpessoais, imprescindível para poder se adaptar na profissão escolhida.

Outro aspecto fundamental para prosseguir na carreira escolhida é preservar os valores, devendo-se tomar muito cuidado com a exposição nas redes sociais e, acima de tudo, poder compartilhar conhecimentos para se sentir gratificado.

E as escolas, as faculdades como estão atuando nesse aspecto empreendedor?

Sabemos que elas estão muito distantes desses aspectos, mas urge que sejam feitas mudanças educacionais nesse sentido.

Segundo Oliveira, 2013, algumas profissões são bem conhecidas, como:

Administração e Economia - no entanto, novas áreas dentro delas estão surgindo como: gestor de fortuna, gestor de propriedade rural e especializar-se em pós-graduação nos ramos da agricultura, da pecuária, piscicultura e reflorestamento, atividades crescentes para os próximos anos.	**Direito** - além das opções conhecidas está surgindo crescente demanda por esse profissional nas empresas de capital público como Petrobrás, BNDES e outras. Novas áreas de atuação: Direito ambiental, uso de redes sociais, Direito digital, negócios internacionais.
Medicina – biomedicina, nanomedicina, medicina legal (médico legista).	**Engenharia** – novas áreas de atuação: engenharia ambiental, engenharia de energia, engenharia madeireira, engenharia de óleo e gás.

Segundo Oliveira, 2013, algumas profissões que você nunca ouviu falar:

Gestor de resíduos / lixólogo. Gerontólogo.
Analista de SEO – responsável por melhorar o desempenho das páginas de um site.
Consultor de sucessão (empresas familiares).
Farmacoeconomista.
Aquicultor (manejo de animais aquáticos).
Especialista em bioinformática (informática na bioquímica, biologia, genética).
Especialista em Móbile Marketing – (celulares ultraversáteis).
Midialogia.
Profissional de Ecorrelações (sustentabilidade).
Especialista em recuperação de áreas urbanas degradadas.
Especialista em epidemias e desastres naturais.
Especialista em inteligência artificial (uso da tecnologia como alternativa para substituir o ser humano em funções perigosas).
Terceirização Offshore (fiscalizar serviços e materiais de empresas terceirizadas).

Segundo Oliveira, 2013, algumas ótimas oportunidades profissionais para os próximos anos:

> **Finanças** – Consultor em planejamento financeiro.
> **Comunicação Pessoal.**
> **Fonoaudiólogo.**
> **Especialista em línguas.**
> Acrescento aqui uma profissão atual e muito importante no mundo digital: **Copywrite** (Copy para vendas).

Algumas reflexões finais

"E no fim, o amor que você recebe é igual ao amor que você dá." The Beatles

O que realmente nos faz encontrarmos nosso caminho e sentido de vida é analisarmos quem somos verdadeiramente e descobrirmos com mais clareza e assertividade nosso propósito de vida.

Muitas vezes para agradar as pessoas principalmente do nosso convívio negamos quem somos e vivemos no roteiro do outra pessoa. Nesse sentido vivemos de fora para dentro e não de dentro para fora.

No filme Matrix, 1999, há um conceito fundamental para analisarmos:

"Quem olha para fora sonha; quem olha para dentro, desperta."
Carl Jung

Ao surgirem dificuldades, os melhores propósitos podem parecer distantes ou até mesmo inalcançáveis. Embora nem sempre se consiga o que se quer, jamais desista. Tudo o que acontece em sua vida acontece para você tirar o melhor proveito. Nesse sentido, encontre atividades que atendam suas necessidades pessoais para poder aumentar a probabilidade de permanecer no propósito.

Muitas pessoas extraem coragem dos seus fracassos, sabedoria das suas frustrações e perdas. Entretanto, faz-se necessário alterar a forma com que vinha atuando, ampliar a visão e continuar sonhando para alcançar um estado de totalidade e de perfeição.

Muitos jovens quando vão mal numa prova entram em crise. Outros, quando não passam na universidade se acham os últimos dos seres humanos. Essas perdas deveriam nutrir o "eu" para fazê-lo mais forte e acreditar que tudo pode ser mudado.

Há um poder enorme dentro de você, desperte-o pouco a pouco e reconheça que você é o criador. Você é responsável por sua vida. Não tema, pois o medo paralisa e o leva à inércia. É preciso ter coragem para enfrentar o medo.

Faça o que gosta e o universo o proverá, pois a individualidade é ancorada na segurança, na determinação, e principalmente na capacidade de escolha.

Seja grato para que o progresso venha em sua caminhada. Não existem pessoas de sucesso ou pessoas fracassadas, o que existe são pessoas que vão atrás dos seus sonhos, ou simplesmente desistem deles.

"Sempre vise à realização e esqueça o sucesso." Helen Hayes

REFERÊNCIAS BIBLIOGRÁFICAS

Hirsh, Wendy et all. Planejamento de Carreira em uma semana. São Paulo: Figurati, 2014.

Ferreira, Aurélio Buarque de Holanda. Novo dicionário da Língua Portuguesa. São Paulo: Folha de São Paulo, Editora Nova Fronteira, 1995.

Laurenti, Roseli Bacili. Escute-me, por favor! Contribuição psicanalítica para educadores. São Paulo: Biblioteca24horas, 2012.

Virtudes: as sementes evolutivas para o seu filho. São Paulo: Biblioteca 24horas, 2014.

Oliveira, Sidnei. Profissões do futuro: você está no jogo? São Paulo: Integrate Editora, 2013.

Sampaio, Maurício. Escolha certa: como tomar a melhor decisão hoje para conquistar uma carreira de sucesso amanhã. São Paulo: DSOP Educação Financeira, 2012.

Orientação Vocacional & Coaching de Carreira
Sandra Magali Junqueira

14

Do autoconhecimento à contribuição social

Sandra Magali Junqueira

sandrajunqueira@gmail.com

Formada em Economia e Psicologia pelo Centro Universitário UNI-Facef de Franca; especialista em Psicodrama, tem formação grupalista e didata pelo Celeiro Espaço Sociodramático de Franca e FEBRAP/SP. Especialista em Administração Hospitalar pela Faculdade de Ciências Médicas e Santa Casa de São Paulo.

Formação em Personal & Professional Coaching pela Sociedade Brasileira de Coaching. Experiência em clínica, orientação vocacional e profissional, grupos institucionais de vários segmentos. Consultoria em Diagnóstico Organizacional, Comunicação Corporativa, Cultura e Clima Institucional, Treinamento e Desenvolvimento, Gestão de Mudanças e de Conflito e Palestras.

Consultora autônoma em Desenvolvimento Humano e Coaching com executivos, líderes, times e colaboradores visando e utilizando ferramentas para autoconhecimento, desenvolvimento de suas qualidades e potenciais, autoconfiança, melhoria nos relacionamentos, aumento de foco, estímulo à ação, melhoria contínua.

O que motiva uma profissional da Psicologia a se interessar pelos caminhos da Orientação Vocacional (OV)?

E quando essa psicóloga se encontra com a formação de Coaching?

Como unir essas expertises e criar uma metodologia efetiva para que os jovens se descubram e se realizem como futuros profissionais deste país?

Algumas respostas para estas perguntas estão em minha atuação profissional.

Antes de ser psicóloga, me especializei em Psicodrama níveis I e II, depois me apaixonei pela área de Gestão de Pessoas e Desenvolvimento Humano, Consultoria em RH, fiz a formação de Coaching e acrescentei a Orientação Vocacional e Profissional em minha carreira.

São áreas que se complementam e me inspiram como profissional.

Desde a minha formação acadêmica em Psicologia valorizo este caminho de atuação voltado para o mundo do trabalho. Nesta ocasião percebi alguns pontos essenciais para a melhoria contínua na relação colaborador e trabalho.

Tenho tido experiências inesquecíveis com jovens incríveis através de uma metodologia que une Psicologia, Psicodrama, Orientação Vocacional e meus conhecimentos de Personal and Professional Coach para facilitar a tomada de decisão da graduação e, consequentemente, futuros mercados de trabalho.

Porém, muitos estudantes se deixam levar pelas circunstâncias e situações mais leves, seguem pelo caminho mais fácil e muito menos permitem-se cuidar de sua carreira. Quando buscam o mercado de trabalho tornam-se profissionais que se deixam escolher pelas empresas, valorizam mais o salário e exigem que as empresas cuidem de suas carreiras.

O mercado sabe valorizar pessoas que se conhecem, apropriam-se de suas carreiras e seguem a vida satisfeitas com suas escolhas.

Por outro lado, minhas experiências clínica e organizacional corroboram as teorias que citam a insatisfação pessoal e profissional como causa de sofrimento e contaminação dos ambientes de trabalho.

E, quanto antes houver interesse pelo autoconhecimento, contextos da formação acadêmica e consequentes mercados de trabalho, maior o nível de satisfação dos profissionais e melhor o clima organizacional nas instituições.

Além disso, mais que o mundo das profissões, faz-se necessário um preâmbulo do início das escolhas profissionais: a Orientação Vocacional.

Orientação Vocacional? Precisa mesmo?

Cada vez mais estou certa da contribuição efetiva que um processo de Orientação Vocacional e Profissional pode alcançar.

A Orientação Vocacional permite:

◆ Autoconhecimento com autoavaliação

◆ Ação investigativa que valoriza os quereres e as escolhas dos jovens quanto aos cursos, matrizes curriculares, universidades, rumo ao mundo teórico e prática do trabalho

◆ Busca de esclarecimentos das dúvidas direto com profissionais e alunos dos cursos de maior interesse

◆ Incentivo a uma visão mais ampla dos passos possíveis para a tomada de decisão em direção à realização de um sonho

◆ Maior entendimento e tranquilidade nas relações:

    ◆ pais e filhos;

    ◆ aluno, disciplinas e estudos;

    ◆ vestibulando e vestibulares;

    ◆ jovem e formação acadêmica;

    ◆ jovem e mercado de trabalho, e outros.

Todas essas possibilidades de desenvolvimento através da Orientação Vocacional surgiram da relevância considerada por teorias e ações ao longo da história.

A Teoria do Desenvolvimento Vocacional de Donald Supper, 1953, defendeu que a escolha profissional ocorre ao longo da vida, desde a infância até a velhice, conforme os estágios de desenvolvimento e realização de diversas tarefas evolutivas.

No Brasil, a Orientação Vocacional vinculada à Psicologia Clínica ganhou força nos consultórios particulares, porém, perdeu-se o caráter pedagógico e limitou-se o campo de intervenção.

Com diversas tentativas e programas de Orientação Ocupacional que poderiam auxiliar os alunos na escolha profissional, a prática reduziu-se apenas à informação profissional.

Atualmente, as escolas particulares incrementam esse diferencial para oferecer Orientação Vocacional aos alunos. Para as escolas públicas existem projetos de lei deste ano de 2016 que preveem esse serviço gratuito, que se estende aos alunos que tenham bolsa de estudos integral nas escolas privadas.

Enquanto não é de direito de todos, a Orientação Vocacional e Profissional vem sendo cada vez mais reconhecida, porém, precisa ser efetivamente aplicada, se possível desde a educação infantil, respeitando os estágios de desenvolvimento humano.

Dificilmente se encontra Orientação Vocacional como disciplina nas escolas desde a Educação Infantil.

As crianças costumam conhecer as profissões e falar sobre o trabalho conforme o que vivenciam e experienciam em família, conversam sobre as profissões dos pais, irmãos, tios, avós, primos e o que "querem ser quando crescer". Muitas vão à escola para ler e escrever, "brincar com os amiguinhos", usufruir de muitos projetos interessantes que as escolas se preocupam em planejar e cumprir, porém, algumas correm o risco de perder o "link" entre escola e trabalho.

No Ensino Fundamental, mais projetos ligados às disciplinas são apresentados e alguns professores competentes podem dar significado àquelas teorias, incentivando um olhar para a prática, para a aplicabilidade daquele estudo no futuro e no trabalho.

Como este plano de ação pode não alcançar todos os alunos, de novo, me preocupa a ausência da Orientação Vocacional e Profissional nas escolas, pois este processo de orientação reconhece a importância da autonomia da escolha e do cuidado da própria carreira.

Finalmente, no Ensino Médio, período mais próximo das escolhas dos cursos, universidades e vestibulares, a Orientação Vocacional costuma ocorrer desde o primeiro ano nas escolas particulares.

O aluno, em meio a tantas disciplinas e provas, se vê obrigado a focar nos estudos num ritmo automático e enfadonho. Com exceção daqueles que têm certeza perante as escolhas de sua carreira profissional, a maioria se depara com uma grande dúvida, ou várias, e este despertar, próximo à data da inscrição do vestibular, permite pouco tempo para sua tomada de decisão. Qual curso? Qual universidade?

Sendo assim, a Orientação Vocacional exerce um papel primordial de apoio às preferências e escolhas dos alunos.

Escolhas e conflitos

As escolhas e como lidar com elas é um dos focos da Orientação Vocacional.

Existem várias teorias da escolha da carreira profissional:

- Escolha casual, através de um conjunto de imprevistos e situações;
- Escolha conforme a demanda e status da profissão;
- Escolha influenciada pelo ambiente cultural da pessoa.

Muitos jovens querem exercitar suas escolhas sem exercitarem o desapego, querem carregar tudo que puderem consigo e percebem o "peso" dessa tentativa somente no futuro.

Por isso, o estudante muitas vezes inicia o processo de Orientação Vocacional pedindo ajuda. Na primeira sessão se apresenta como numa encruzilhada, sem saber para onde ir, nem mesmo o que escolher.

Isto pode ocorrer pelo simples fato de não saber quem é e onde está.

Seus pais geralmente já esgotaram as possibilidades de encaminhamento, quando não o impõem, e resolvem procurar profissionais que orientem seus filhos em suas escolhas profissionais, mas que consigam principalmente apaziguar um conflito em família.

Os pais entram em contato com um Orientador Vocacional em busca de apoio, esclarecimentos, conhecimentos que amenizem a angústia, o sofrimento e a dúvida do(a) filho(a) geralmente no último ano do Ensino Médio e, mais que isso, muito perto da data-limite de inscrição do vestibular.

Caso o aluno faça cursinho ou extensivo para vestibulares, logo no mês de abril ou maio, busca orientação para sentir-se mais seguro de sua decisão.

Outra situação comum é quando o jovem passou da primeira para a segunda fase de um vestibular e ainda não está confiante a respeito de sua escolha.

Com a Orientação Vocacional este conflito pode ser dissipado e o jovem costuma finalizar o processo mais atento e consciente após todas as sessões.

O papel do Orientador Vocacional não é direcionar a escolha e sim ajudar o jovem a encontrar sua própria identidade profissional, explorar seus interesses, olhar para o mercado de trabalho quanto à sobrevivência, hobby, vantagens e empregabilidade, por exemplo.

Este cenário da Orientação Vocacional, na passagem de um ciclo educativo para o outro, evidencia a demanda quase ao longo de todo o ano letivo, que pode ocorrer no contexto clínico ou diretamente nas escolas, individualmente ou em grupos, agregando técnicas psicodramáticas, testes psicológicos e ferramentas do processo de Coaching.

Psicologia, Psicodrama e Coaching na Orientação Vocacional

As formações em Psicologia, Psicodrama e Coaching contribuem ainda mais com o processo de Orientação Vocacional.

Em Psicologia são exigidos estudos densos em disciplinas como Psicologia do Desenvolvimento, Teorias da Personalidade, testes de uso exclusivo da Psicologia, e muitas abordagens clínicas, educacionais, institucionais profundas, o que colabora para uma atuação segura com os orientandos.

No Conselho Federal de Psicologia existe o Satepsi – Sistema de Avaliação de Teste Psicológico, que informa os Testes Favoráveis, sempre atualizados. Para Orientação Vocacional, seguem as seguintes sugestões:

AIP – Avaliação de Interesses Profissionais

EAP – Escala de Aconselhamento profissional

EMEP – Escala de Maturidade para a Escolha Profissional

IFP-II – Inventário Fatorial de Personalidade II

QUATI – Questionário de Avaliação Psicológica

BBT – Teste de Fotos de Profissão; deve ser lançada uma versão digital e atualizada em breve.

Dentro da Psicologia, vale ressaltar que a especialização em Psicodrama é importante e são muito utilizados técnicas e jogos para fundamentar outros caminhos do processo de Orientação Vocacional, conforme surgem as necessidades:

◆ Espelho

◆ Duplo

◆ Inversão de papéis

◆ Jogos dramáticos e outros

E, finalmente, o processo de Coaching:

◆ revela a potencialidade do jovem;

◆ eleva a sua performance para descobrir caminhos e tomar decisões que só dependem de si mesmo;

◆ contribui para suas conquistas e realizações;

◆ permite a clareza para definir e atingir objetivos, com foco no momento presente e em direção ao futuro.

As ferramentas de Coaching elevam a capacidade do jovem, de a pessoa ampliar-se naquele momento para descobertas, escolhas e ações mais conscientes e autônomas.

Esta junção entre Psicologia, Psicodrama, Coaching e Orientação Vocacional exige uma metodologia específica e que tem sido muito bem-sucedida.

Um dos caminhos da Orientação Vocacional

Um processo de Orientação Vocacional, individual ou em grupo, pode ocorrer da seguinte forma:

◆ 10 a 12 sessões fechadas

◆ Individual: duração de 1 hora

◆ Grupo: duração de 1h30

◆ A primeira sessão: autoavaliação pré-processo de Coaching

◆ Outras sessões:

◆ Entrevista (contexto familiar: ausente, exigente, que projeta no filho o pró-

prio sonho ou não, nível de autonomia, tipos de influências e conflitos nas escolhas; contexto escolar)
- Técnicas de Relaxamento
- Técnicas Individuais e Grupais
- Psicodrama: técnicas e jogos dramáticos
- Ferramentas de Coaching
- Jogos de Orientação Vocacional e Profissional
- Testes Vocacionais e de Personalidade
- Pesquisas, cursos, universidades, matriz curricular
- Pesquisas do mercado de trabalho
- Entrevistas com alunos e profissionais das áreas de interesse
- Conversas eventuais com os pais
- Foco em interesses, habilidades, valores
- Autoavaliação pós-processo de orientação na penúltima sessão.

A última sessão ocorre apenas para apresentação do relatório com indicadores das alterações ocorridas nas autoavaliações pré e pós-processo, e as análises qualitativas ao longo do processo de orientação que ocorrem juntamente com o orientando e pais, se quiserem.

Considerações finais

Para encerrar esta reflexão acerca da Orientação Vocacional, preciso lembrar de sua importância nas escolas desde o Ensino Infantil até o Ensino Médio para que os alunos vivenciem, experienciem maior contato com a realidade do mundo das profissões e tenham a oportunidade de quebrar alguns estereótipos, ou seja, alguns perfis que pensam combinar com cursos específicos. Cada vez mais estas crenças estão ultrapassadas.

Devem-se gerar perguntas como:

– As escolhas são possíveis ou estão sendo idealizadas?

Interessante ocorrerem parcerias com os professores e pais, pois podem enriquecer todo o processo e o envolvimento do jovem no caminho de suas escolhas mais efetivas.

Desse modo, a Orientação Vocacional é promoção de saúde, permite a escolha de um caminho com que o jovem se identifica, amplia a percepção de seu papel nos lugares que ocupa, existe e constrói. Assim, pode graduar-se e trabalhar de forma consciente e por isso sentir mais prazer, ficar mais feliz em relacionar-se com as pessoas do seu entorno, ampliar sua expansividade social e emocional.

Finalmente, minha proposta e sonho é ver a Orientação Vocacional atravessando todos os muros escolares para contribuir com a educação formal de todos os níveis, possibilitando um desenvolvimento humano intenso, agregado à família, à escola e ao trabalho, em busca de consciências mais amplas quanto ao papel de cidadão, contribuinte social e valorização do trabalho.

Agradeço a todos os jovens e suas famílias que confiaram em minha ação empreendedora no processo de Orientação Vocacional.